万卷书蠹文丛

才子的书缘

郭沫若的读书生活

李继凯 著

万卷出版公司
北方联合出版传媒（集团）股份有限公司

图书在版编目（CIP）数据

才子的书缘：郭沫若的读书生活 / 李继凯著. —
沈阳：万卷出版公司, 2018.10
（万卷书蠹文丛）
ISBN 978-7-5470-5046-0

Ⅰ. ①才… Ⅱ. ①李… Ⅲ. ①郭沫若（1892—1978）
—生平事迹 Ⅳ. ①K825.6

中国版本图书馆CIP数据核字(2018)第187757号

出 品 人：刘一秀
出版发行：北方联合出版传媒（集团）股份有限公司
万卷出版公司
（地址：沈阳市和平区十一纬路25号 邮编：110003）
印 刷 者：天津旭丰源印刷有限公司
经 销 者：全国新华书店
幅面尺寸：145mm × 210mm
字 数：250千字
印 张：8.5
出版时间：2018年10月第1版
印刷时间：2018年10月第1次印刷
责任编辑：胡 利
责任校对：高 辉
封面设计：范 娇
版式设计：张 莹
ISBN 978-7-5470-5046-0
定 价：42.00元
联系电话：024-23284090
传 真：024-23284448

郭沫若正在写作

时任中科院院长的郭沫若

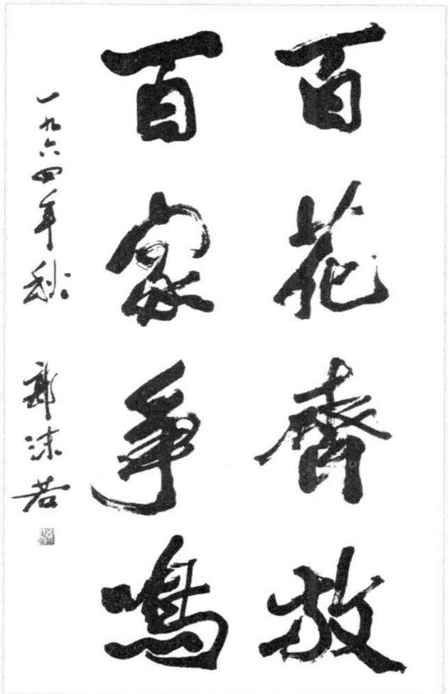

郭沫若书法

郭沫若生前最后的一张照片

序

“书”的本义是“书写”，后来引申为“书写的文本”。早期的“书”是写在简、牍或丝帛上的，即所谓“书之竹帛”。“书之竹帛”是为了“传遗后世子孙”，向同时代的人或后人传递讯息。古往今来，书籍的载体已经由简帛转变为纸张乃至电子数据，而书籍所承载的，不外乎知识、记忆、情感与思想。

战国时代的惠施博学多闻，相传他的书（当时是写在简牍上的）足足装了五辆车，这便是“学富五车”的来历。书是文化的载体，也是知识的载体，人类文明之所以能代代相传，知识之所以能不断累积，很大程度上靠的是书籍的力量。书籍是学问的代名词，饱读诗书者，也便是硕学之士。

与印度等古代文明不同，我们的祖先历来注重历史的记录，形成了以二十四史为核心的记史传统。中华文明之所以绵延不绝，在世界文明之林中独树一帜，一个重要原因便是汉字的连续发展以及以此为基础的记忆传承。而历史记忆的作用，正在于明得失、知兴替。

在书籍中，我们同样能看到一个个鲜活的人。他们的喜怒哀乐转化为文字，千百年后仍有震撼人心的力量，引发我们的共鸣。即便是典正古雅的“诗三百”，同样能窥见先人的悲喜。唐诗宋词，无不是情感的流露。这些文字汇聚起来，又能激荡起时代的脉动与情绪。

“书”最初偏重于实用性较强的文体，《尚书》之“书”本来是公文。但《尚书》之所以被人世代传诵，根本原因在于其思想性。从先秦诸子到近代新文化先驱，他们前赴后继，高擎思想的火炬，点燃民族的奋进之路。

中华民族历来敬畏知识、记忆、情感与思想，也便敬畏书。敬畏书，也便好读书，并敬重好读书的人。书籍对于我们来说，并不是一种简单的物品，而是蕴涵着宇宙、人生之道，记载着我们的过去、现在并描绘着将来，展示了社会、生活和个体生命情感的无限丰富性，承载着人类的精神文化创造的灵性之物。因此，在很大程度上，我们更愿意将书看作是一种生命的延续，一种使生命达到不朽的途径。

书是用来读的。没有阅读，书的意义便不复存在，或者至少其意义要大打折扣。明人于谦曾经作过一首《观书》诗：

书卷多情似故人，晨昏忧乐每相亲。
眼前直下三千字，胸次全无一点尘。
活水源流随处满，东风花柳逐时新。
金鞍玉勒寻芳客，未信我庐别有春。

在读书人的眼中，书卷无异于多情的故人。有书卷陪伴，无论快乐的还是忧伤的光阴都可以安然度过；有书卷存在，可以使屋舍生辉，心生欢喜；有书卷在胸，内心得以充盈，思想得以绽放。读书人泛舟书海，博览群籍，好读书，读好书，会读书，刻意用功，发愤图强，乐而忘苦，终生与书本相伴。他们读书、藏书、抄书、著书，思于书，劳于书，苦于书，乐于书，正所谓“衣带渐宽终不悔，为伊消得人憔悴”。读书丰富了他们的知识，提升了他们的人格，陪伴他们走过了自己的生命之旅，帮助他们成就了人生的事业。更有那勤学敏思、才胆识力卓出者，于“灯火阑珊处”发现了宇宙之道，参悟了天人之义，建构起了自己的思想和价值情感世界，因而著书立说，以其一家之言而泽被后来的读书人。

读书造就了一代又一代的圣哲通儒、仁人志士、学术大师、文章大家，远者不说，仅我国近、现代以来读书人中所产生的伟人志士、大师名家就可以开列出一个长长的单子，他们犹如璀璨的繁星，照亮着20世纪以来中国思想、文化的夜空。他们身处社会剧变、民族危亡、文化转型的历史关头，于是将自己的事业与民族、国家的命运紧紧地联系在一起，或者投身于炽热的社会现实斗争之中，以笔为枪、以纸为旗，用自己的学识为中华民族的振兴、社会的发展进步和新思想、新文化的诞生与发展做出卓著的贡献；或者埋首于中外浩如烟海的典籍之中，在学术文化领域辛勤耕耘，默默地奉献着自己的才智，以其丰硕的研究或创作成果维系和延伸着中华民族的学脉、文脉，从而推动了现代以来中国学术文化事业的发展。无论属于何种情况，他们都是在为民族和国家的救亡与启蒙、解放与振兴以及学术文化的发展兴盛写心立言。在他们身上，“经世致用”这一中国知识分子读书治学的优良传统得到了充分的体现。

摆在我们面前的这套丛书，便是一组读书人的文化群像。他们包括王国维、梁启超、陈寅恪、吴宓、鲁迅、胡适、林语堂、郭沫若、钱钟书这些时代巨子。他们好读书，勤著书，为传承、发展我们民族的文化奉献一生，是中华民族的文化精英与楷模。了解他们的读书生活，知道他们读书生活中的点点滴滴，与阅读他们的著作一样，照样可以走进他们的思想、精神、情感世界之深处。因此，这套丛书选取“读书生活”这一特定的角度，通过叙述这些名家大师如何读书、写书、购书、藏书、爱书，以及介绍他们的家学渊源、师承关系、访学交游、讲学课徒等侧面，来展现他们的读书方法、治学特点以及事业成就。对于这些巨匠的读书生活，我们得以有更直观、深切的感受。

在写作风格方面，本丛书则尽量追求实录性和情境化，着重围绕这些现代学术文化史上的巨匠们在读书生活中所发生的种种趣闻美谈、掌故逸事，以见出他们的人生志向、精神境界和生活风貌。这些文化巨匠的读书治学、人生经历和事业成就本身，也无不反映出近现代以来中国思想、文化、学术曲曲折折的发展道路和复杂多变的特点，从中可以寻绎出现代中国思想、文化、学术形成和发展的脉络与经验。因此，介绍这些名家大师的读书生活，实际上也就是对20世纪中国思想、文化和学术史进行一种特定层面、特定角度和特定方式的描述；了解这些名家大师的读书生活，在一定程度上也就是对20世纪中国思想、文化和学术风云变幻历史的一次回顾与反思。

这些名家大师的读书方法、思想方式、治学特点，以及他们的人生追求、理想目标、生活情趣和精神境界，作为一种参照系统和历史经验借鉴，对于今天和未来的热爱知识与学问，热爱书籍，从而有志于读书、治学的读者朋友而言，无疑是大有裨益的。在强调“全民阅读”的今天，读什么书、如何读书仍是大家所关注的话题，互联网文化的扩张和智能手机自媒体的广泛应用，虽然给人们获取信息提供了诸多便利与更多的选择，但是同时又导致了阅读的浅表化、碎片化、快餐化，从而给读书带来了巨大的冲击，尤其是在阅读经典、经典化阅读方面，所受到的影响更加严重。有些人说现在的社会太浮躁，很少有人会静下心来读书。我们何尝不能说，正是因为读书太少，有些人的心不复宁静？腹有诗书，内心自会充盈，也自会以更自信的心境审视周遭的世界。正是从这些名家大师的身上，从这套丛书中所展示的文化大家的读书生活中，我们或许能获得诸多人生的教益，能找到自己想要的关于生命价值何在的答案。

本丛书采撷那些在读书治学方面堪称斫轮巨匠的名家大师们在书海中泛舟的点点帆影，来再现他们的神采风姿，以此奉献给读者，并且希望它们能陪伴读者朋友们度过一段快乐的读书时光。如果这一初衷能够实现，对于我们来说则是再幸运不过的事情了。

党圣元

2018年9月于北京

目　录

翩翩少年郎　骑马上学堂

家在峨眉画里，这要算郭沫若的一种幸运。出生地是无法自择的，但出生地对一个人的命运来说，往往是很重要的。郭沫若的故乡在峨眉山下的沙湾镇，这里的山山水水非常美丽，时人爱用“绥山毓秀，沫水钟灵”的雅语来赞美这里。郭沫若在自己笔名“沫若”的选择上，已透露出了他对故乡的喜爱：“沫”是沫水，即大渡河，“若”即若水，是青衣江的古名，以二水为其笔名，并努力为其增光添彩，这表明郭沫若艺术生命与故乡水脉之相通。

家为“书香门第”，这要算郭沫若的另一种更大的幸运。家亦无法自择，却也至关重要。郭氏先祖原是福建宁化人，清代初年移居四川，穷苦至极而后逐渐发迹，到郭沫若记事的时候，其家已是田多商富的大户了，并且从其祖父一代已奖励读书，到郭沫若这一代，郭家已出过好几个秀才了，已被公认为“书香门第”了。尽管其父积累家产的手段有点“黑”或不正当（如经营烟土生意），但重视为后代铺路搭桥，强化儿辈教育，还是应该肯定的。郭家自己办起了一个家塾（因面对着峨眉山的第二峰绥山，遂叫“绥山山馆”），请了一位专馆先生，名叫沈焕章，教书多年，颇有声望，为郭家培养了一些有出息的人才。郭沫若幼年的启蒙教育以及对传统旧学的知识，有许多便得益于沈先生的悉心教诲。

郭沫若在实足年龄四岁半的时候就进塾馆发蒙，并且是出于自己的要求。小小年纪就对读书产生了强烈的好奇心，原因何在呢？郭沫若后来强调了这样几个原因。

第一是其母亲杜邀贞善教他诵诗，经常采取有趣味的游戏方式，将诗歌注入孩子的头脑之中。其中最有启发性的便是《翩翩少年郎》：

翩翩少年郎，骑马上学堂。
先生嫌我小，肚内有文章。

这诗被郭沫若背得滚瓜烂熟，而且激活了他那颗好胜的心，唤起了对“骑马上学堂”的无限向往。在他童真的想象里，能够骑着竹马，抱着书本上学，是一件非常得意的事情。

第二是他具有能够听懂说善书的自信。在沙湾，时有讲“圣谕”的先生来讲些忠孝节义的善书，时说时唱，有金钟或简板等伴奏，内容多为民间传说或古书中的演义故事。这种民间曲艺对幼年的沫若很有吸引力，未发蒙之前即能听懂善书，朦胧中觉得学堂上的先生讲课大概也是这个样子，遂对上学充满了向往和自信。

第三是自己觉得记忆力挺好。郭沫若记得在他未发蒙之前，比他年长好几岁的五哥常在家塾先生回家后仍要念诵功课，在其父母监督下一遍遍地读着《易经》《书经》之中的文章，念来念去却总是念不熟，而睡在床上或在灯下游戏的郭沫若，听着五哥读了几遍却可以成诵了。这使他从小就将读书看作易事，并想通过读书来表现自己的聪明。

显然，郭沫若在四岁半时要求读书，并没有什么宏大的抱负。其父母看他还聪明，便同意他去拜师上学了。出生于1892年11月16日的郭沫若，在1897年春天就由父亲领着，到家塾里郑重其事地向沈先生拜了师，从此以后便穿了“牛鼻子”，上了笼套，要接受正规的发蒙教育了。

发蒙读物主要是《三字经》《唐诗》《诗品》等。初时读不懂，好奇心受挫，便逃学，但既已穿了“牛鼻子”，父亲用强制手段把沫若抱回学堂，又挨了沈先生的“扑作教刑”，只好硬着头皮学下去。郭沫若后来在自传及散文《铁盔》等文字中，都叙及这种“打式”教育给儿童带来的肉体和精神上的痛苦。这种情形颇类似鲁迅先生在三味书屋中的读书生涯。塾师固然严厉，但也似乎应了那句古语“严师出高徒”。从寿镜吾先生塾中走出来的鲁迅和从沈焕章先生塾中走出来的郭沫若，都有相当好的旧学根基，尤其重要的恐怕还在于懂得了勤谨向学的道理和方法，养成了较好的学习习惯。试想，如果没有沈焕章的“诗的刑罚”，郭沫若能那么早就会吟诗作词，留下让人称羡的少年诗稿吗？如果没有塾学时对经典和诗歌的深入了解、潜心精读，郭沫若能够培养起强烈的诗歌爱好和钻研学术的兴趣吗？

“翩翩少年郎，骑马上学堂。”无论快乐与否，上学堂学习作为人生的收获或必要的人生奠基，是更重要的方面。

郭沫若在绥山山馆从师于沈焕章先生近十年，面壁读书，旧学方面的收益固然最大，但由于沈先生比较开明，他倒也较多地接触了新学，并不一味死读古书，这应该说也是很难得的。大略说来，郭沫若在家塾的近十年中，于旧学方面读了“四书”“五经”“三传”，还读了一些“子书”和“史书”，如《道德经》《庄子》《荀子》《韩非子》《墨子》《淮南子》《左传》《史记》《汉书》《十六国春秋》《史鉴节要》《纲鉴易知录》以及大量的诗歌、散文作品，出于传统诗教的需要，还读了一些文字、音韵、训诂及诗论方面的基础性书籍，如《尔雅》《说文解字》《声律启蒙撮要》《群经音韵谱》《诗品》等。于新学方面涉读面自然远不及旧学那样广泛，但从十岁左右接触《地球韵言》开始，对外来的科学、人文方面的书刊接触得越来越多，兴趣也越来越大。除了读教科书（有数学、格致、地理、地质、东西洋史、国文等）之外，还读了《启蒙画报》《经国美谈》《新小说》《浙江潮》《猪仔记》（小说）等。其中的《启蒙画报》，有图有文，深合儿童性情，郭沫若最爱翻读。尽管在私塾中郭沫若接受的多是传统旧学，但于私塾后期接触的新学却为他展示了新的知识空间，对他的未来发展产生了不可忽视的影响。

怡怡兄长情

旧时在大家庭里，兄长的言行、爱好往往对弟妹们具有潜移默化的影响作用。由于兄弟之间的距离非常接近，小的模仿大的，弟弟以哥为师法的对象，便成了司空见惯的事情。兄长对于幼弟的影响，恐怕有时还要胜过父母的庭训。

郭沫若的大哥郭开文，字橙坞，年长郭沫若十四岁。他对这个“八弟”不仅非常关心，而且影响其人生道路，包括其读书生活，亦殊为深切。

郭开文年轻时的性格是很浪漫的，而且多才多艺，喜欢作诗、刻图章、练字作画，这些都让年幼的郭沫若好生羡慕、佩服，不自觉地便产生了模仿的冲动。在郭沫若十二岁的时候，开文大哥考进了省城的东文学堂，从此，“新学的书籍就由于大哥的采集，像洪水一样，由成都流到我们家塾里来”，“什么《启蒙画报》《经国美谈》《新小说》《浙江潮》等”，都成了“我们课外的书籍”，其中的一些书籍杂志像磁石一样吸引着郭沫若，使他贪婪地读着，眼界扩展了许多，感到又一次受到了启蒙。[①]这也逗引郭沫若想像大哥那样离开家乡到异地求学。这个心思也为大哥所知，在毕业于东文学堂而欲往日本留学时，他曾与郭沫若有这样的对话：

“八弟，”他问郭沫若，“你是喜欢留在家里，还是喜欢出东洋？”

郭沫若说：“我当然想跟着你去。”

又问：“你去想学什么呢？”

郭沫若茫然不知所对。还是大哥代为回答：“还是学实业的好，学实业罢。实业学好了可以富国强兵。”

这是大哥为郭沫若设计的求学之路。当时由于有父母的阻遏，郭沫若未能随大哥一起到日本留学，但却争取到了去乐山县城上新学堂，又到省城去上新学堂的机会。再后来在大哥的资助下，终于实现了留学东洋的梦想。当时他大哥正失业在京，经济上也很困难，但为了能圆弟弟的留学梦，还是毅然倾力帮助，给郭沫若提供了一次难得的机会，也给了他最大的激励，他在与大哥告别时于心里暗暗发誓：“我此

① 郭沫若：《我的童年》。

去如于半年之内考不上官费学校，我要跳进东海里去淹死，我没有面目再和大哥见面。”人的潜能往往是非常巨大的，尤其是像郭沫若这样的天赋很好的人，一旦拼搏起来，读书的效率是极高的。果然，仅半年时间，郭沫若便考上了官费学校，没有跳进东海，却跃入了一个崭新的读书环境，开辟了新的人生道路。

每当郭沫若回首自己的人生道路时，他总难忘怀大哥对自己的影响和帮助。他曾一再地说：“除父母和沈先生之外，大哥是影响我最深的一个人”[①]，“我到后来多少有点成就，完全是我长兄赐予的”[②]，“我之有今日全是出于我的长兄的栽培”[③]。在大哥于1936年病逝后，郭沫若曾在大哥的诗文遗稿上写下一首律诗，深情地表达了他对大哥的怀念：

连床风雨忆幽燕，踵涉东瀛廿有年。
粗得裁成蒙策后，愧无点滴报生前。
雄才拓落劳宾戏，至性情文轶述阡。
手把遗稿思近事，一回雒诵一潸然！

---

①《我的童年》。
②《我的学生时代》。
③《〈豕蹄〉后记》。

面对郭沫若与大哥的这种手足之情，确实可以使人想到很多。有哥哥为师的读书人，当是幸运的；能够超越哥哥而读出精彩人生的人，更是人中龙凤，值得歆羡的；哥哥不必是同一父母所生，但他在读书方面应该是优秀的，能够成为弟心目中的真正的榜样。

愿后进的学子们都有堪为榜样的“大哥”！

嗜读林译小说

在近代文学史上，林纾有着重要的地位。林纾（1852—1924），字琴南，精于古文，有很深厚的文学修养，所写诗文、小说亦多有爱国情感的流露。尤其是他所翻译的欧美诸国小说，多达一百八十余种，计一千二百余万言，影响很大，被时人称为“林译小说”，在清末民初广为流传，对后来崛起于“五四”文坛的鲁迅、郭沫若、茅盾、周作人、叶圣陶等人都产生过不可忽视的影响。尽管林纾后来成了著名的保守派，但他与别人合译的小说所发挥的积极作用却是不能抹杀的。曾经热衷于读林译小说的郭沫若在自传中即指出：“前几年我们在战取白话文的地位的时候，林琴南是我们当前的敌人，那时的人对于他的批评或许不免有一概抹杀的倾向，但他在文学史上的地位是不能抹杀的。他在文学上的功劳，就如梁任公在文化批评上的一样，他们都是资本主义革命潮流的人物，而且是相当有些建树的人物。”此可谓不刊之论。

郭沫若最初读的是林译小说《迦茵小传》，不仅肯定了林纾那简洁的古文译笔，而且对小说的内容产生了浓厚的兴趣。尤其是女主人公迦茵的遭遇引起了郭沫若深切的同情，并为其悲剧命运潸然泪下，对美好的爱情产生了强烈的向往，亦曾坦言：“我很爱怜她（指迦茵——引者注），我也很羡慕她的爱人亨利。当我读到亨利上古塔去替她取鸦雏，从古塔的顶上坠下，她张着两手去接着他的时候，就好像我自己是从凌云山上的古塔顶坠下来了的一样。我想假使有那样爱我的美好的迦茵姑娘，我就从凌云山的塔顶坠下，我就为她而死，也很甘心。”[①]这种阅读过程中出于感动而形成的认同现象，很像有些青年人读《红楼梦》而自拟为宝玉、黛玉，在不知不觉中泄露出作为读者的郭沫若内心深处的隐秘——风华正茂的少年郭沫若对理想恋人的期待已从他对迦茵的移情中折射了出来。心中既然有理想恋人的标准，像郭沫若这样的才子自然不会轻易降格以求，委屈从俗。由此引发的对现实（包括包办婚姻）的种种不满，便会不断激励他去进行新的追求。

---

①《沫若文集》第6卷，第113页。

郭沫若读林译小说，在艺术上乃至翻译技巧上也领受了林氏的某种影响。如林纾将兰姆的*Tales from Shakespeare*译为《英国诗人吟边燕语》（一般译为《莎氏乐府》），就使郭沫若很感兴趣，为这种中国化的意译带有再创作的况味，这种译法对郭沫若后来的翻译似乎产生了实际的影响。郭沫若甚至还不无夸张地说道："林译小说中对于我后来的文学倾向上有决定的影响的，是Scott的*Ivanhoe*（现通译为斯各特的《艾凡赫》——引者注），他译成《撒哈逊劫后英雄略》。这书后来我读过英文，他的误译和省略虽很不少，但那种浪漫主义的精神他是具象地揭示给我了。我受Scott的影响很深，这差不多是我的一个秘密。我的朋友似乎还没有人注意到这一点。我读Scott的著作也并不多，实际上怕只有*Ivanhoe*一种。我对于他并没有什么深刻的研究，然而在幼时印入脑中的铭感，就好像车辙的古道一般，很不容易磨灭。"[①]尽管这里所说的"有决定的影响""是我的一个秘密"云云，略嫌夸张或以偏概全，但林译小说对郭沫若文学爱好、创作倾向产生的不可忽视的影响，则是无论如何都应予承认的。

---

① 《沫若文集》第6卷，第114页。

报刊的启蒙

郭沫若在少年时期，接受过报刊的启蒙。

在中国近代史上，报刊的逐渐流行应被视为一件大事。因为报刊在当时实际成了传播新知、开阔国人视野的主要的传媒，尤其是倾向于进步视角的报刊，更是担负起了启蒙的历史使命。

较早意识到报刊的启蒙作用的人是王韬（1828—1897）。他出生于江苏苏州，曾在英国人麦都思创办的墨海书馆任中文编辑，思想开放。后又曾应邀游历了英、法、俄等国，视野更为广阔，返回国内之后，着手筹办刊物。1874年创刊了宣传变法维新思想的大型日报《循环日报》，并在报上发表了许多鼓吹变法的文章，在国内外都产生了一定的影响。康、梁起而力倡变法维新，为达目的也颇重视启蒙。作为一个变法运动，“新民”的启蒙追求无疑是其重要的一个方面，并且在变法维新运动失败后实际更加受到了重视。这也促进了近代报刊业的发展。各种报刊逐渐兴起，其中着意于发表小说的报刊占了相当大的比例。因为当时追求思想启蒙的近代思想家、文学家都很看重通俗性小说的宣传作用。当然，其间不免泥沙俱下，也有人实际是看重小说的消费市场带来的经济效益，以庸俗的东西去迎合人们的劣趣。据统计，从1857年到1918年重要的报刊就有五百种左右，其中的文学期刊约一百余种。这些刊物上发表了大量的创作小说和翻译小说。据阿英（钱杏邨）的初步统计，在1900年至1911年间，创作小说和翻译小说总计在千种以上，而据日本学者樽本照雄统计，1896年至1911年间，仅翻译小说就多达千种以上。

大量的报刊小说，在传播先进文化观念方面，的确起到了不可小视的作用。尽管不能说这些报刊内容普遍为当时的工农大众所接受，但的确在较多的青少年学子那里已经产生了明显的影响。

1903年秋，郭沫若的大哥郭开文考入了四川成都刚刚兴办的东文学堂，接触到了许多内容丰富有趣的报刊，他不仅自己爱读，而且也想到了尚在家中的弟弟妹妹们，于是有意识地收集了一些报刊书籍，源源不断地寄回或捎回家中，其中的《启蒙画报》《新小说》《浙江潮》《经国美谈》等，都是郭沫若爱读的报刊书籍。尤其是那种适宜于少年儿童阅读的《启蒙画报》，似乎只是不登大雅之堂不为学者重视的“小儿科”读物，却着实引起了当时尚为儿童的郭沫若的浓厚兴趣。多年之后，郭沫若在他的传记《我的童年》中叙述了《启蒙画报》给他留下的深刻印象：这本刊物是24开的书型，封面是红色中露着白色的梅花，相当雅致，文字浅显易懂，更兼有一幅幅的插图，虽然大多只是简单的线画，但对郭沫若却有很大的魅力。他看着高兴，甚至用纸将画报中的一些画描摹了下来，贴在床头的墙壁上，为了美观，有时还加添上各种颜色，以供自己和家人欣赏。对画报中的故事，郭沫若更是反复阅读，其中拿破仑、俾斯麦的传记故事给郭沫若带来了少儿特有的那种天真烂漫的狂想——他崇拜作为法国皇帝的拿破仑、作为德国铁血宰相的俾斯麦，潜意识中萌生了内模仿式的冲动。他对拿破仑的废后约瑟芬的不幸命运也产生了同情，当读到她临死还取出拿破仑照片来表示爱慕的情节时，情不自禁地流下了眼泪。他对俾斯麦的那条宠犬也产生了兴趣，对俾斯麦经常带着它走动的行为很为欣赏，于是也带着自家的狗出出进进，仿佛自己也成了东方的俾斯麦。从郭沫若的这种天真的模仿中，似乎也能表现出人们（尤其是男子）对名人的那种近于本能的向往，既留意于那些有大作为的名人的“业绩”，又留意于名人生活中难以缺少的“美人”和“狗”。

留在郭沫若记忆深处的还有那篇小说《猪仔记》。这是一篇未署撰者大名的并不怎样出色的小说，连载于《启蒙画报》第二年度的第四、六、七期。然而就是这篇普通的小说，郭沫若却看得津津有味，多年后还能于传记中复述出它的大概内容。这是一篇叙广东猪仔馆的恶霸土棍骗卖中国人到南洋和美洲当苦力的小说，写出了外国人对中国人的虐待与凌辱。其中主要描写一位不求上进的纨绔子弟把家财挥霍完后，被猪仔馆的人骗去卖给美国的资本家。当了猪仔的他在皮鞭下辛苦度日，每日勤苦地开垦或做工，但所挣的工钱非常有限，就是这有限的一点工钱也要被资本家想方设法盘剥而去，比如诱骗他去赌钱吃烟，使他永远贫穷，只好做终身的奴隶。这位沦落为猪仔的青年在备尝苦难之后，已弄得三分像人、七分像鬼了，内心里方始深深地痛悔前非。有一天，农场里来了一位中国留学生，视察农场的时候正好与这个猪仔相遇。这个猪仔认出这个留学生原来是自己的老同学，遂设法与其相认，并痛说自己的不幸遭遇和痛改前非的意念。这个留学生出于同情，将他赎回了国。

郭沫若在复述《猪仔记》的内容梗概之后指出："这里虽然充分地包含着劝善惩恶、唤醒民族性的意思，但从那所叙述的是工人生活，对于榨取阶级的黑幕也有多少暴露的一点上看来，它可以说是中国无产文艺的鼻祖。"如此推崇《猪仔记》这篇小说也许过当，但这篇小说所展示的"华工生涯”的确对中国人有警醒的作用，能够如此充分地写出呈示在国人面前，确属难能可贵，理应给予一定的注意。

可见，郭沫若在青少年时期读到的众多近代报刊，确实对他的成长起到了绝不可忽视的作用。试想后来崛起于“五四”文坛的群英，如鲁迅、陈独秀、胡适、周作人、郁达夫、叶圣陶、刘半农、刘大白、沈雁冰、郑伯奇等，有谁没有得过近代文学的沾溉呢？有谁没有亲近过逐渐兴起的近代报刊呢？甚至，郭沫若多年后还动情地说：“这部《启蒙画报》的编述，我到现在还深深地记念着它。”

一份成绩单

俗语云："分分分，学生命根；考考考，老师法宝。"对于一个学生来说，学习成绩如何总是非常重要的，而学习成绩的好坏通常也能反映出学生对课本知识掌握的情况，对教科书的阅读往往也能看出一个人的兴趣爱好甚至人生志向。

郭沫若的学习成绩向来是比较突出的。这固然与他的头脑比较灵活有关，但肯定也与他熟读了教科书的勤奋有关。他固然有时显得很"调皮"，品行上有时被视为相当"恶劣"，但他实际上很争强好胜，骨子里有一种强烈的竞争意识。据郭沫若的自述，他的学习成绩经常是名列前茅的，但口说无凭，要有切实的证据才行。最权威的证据当然是学校发的成绩单。

时光流逝，郭沫若学生时代的成绩单多已不存。这里幸存有四川官立高等分设中学堂发给郭沫若的一张修业文凭，时为宣统二年九月，即1910年农历九月。该文凭称郭沫若本学期总平均分数80分（旷课核减一分），列入最优等。后面便附了一份成绩单。

修业文凭内容为：

四川官立高等分设中学堂，为给发修业文告事照本学堂现届丙班第三学年第五学期考试完毕，毕业生郭开贞本学期总平均分数80分（旷课核减一分），列入最优等，相应给发修业文凭须至文凭者。

学科成绩单如下：

<table>
<tr><td colspan="2" rowspan="2">修身</td><td>试验</td><td>80</td><td rowspan="2">77</td></tr>
<tr><td>品行</td><td>73</td></tr>
<tr><td colspan="2">读</td><td rowspan="2">经</td><td colspan="2" rowspan="2">60</td></tr>
<tr><td colspan="2">讲</td></tr>
<tr><td rowspan="2">国文</td><td>作文</td><td>90</td><td colspan="2" rowspan="2">80</td></tr>
<tr><td>习字</td><td>69</td></tr>
<tr><td rowspan="2">外国语</td><td>英文</td><td>88</td><td colspan="2" rowspan="2">93</td></tr>
<tr><td>英语</td><td>98</td></tr>
<tr><td colspan="2">历史</td><td colspan="3">95</td></tr>
</table>

（续表）

地理		75	
算术	代数	92	95
	几何	97	
博物		100	
图画		67	
体操		60	

从这个成绩单可以看出，郭沫若当时的修身成绩一般，低于他的平均分，说明他的言行已有明显不合乎传统道德之处；他的读经讲经的成绩很低，刚刚及格，依他的旧学根底，本不该是这个成绩，说明他已厌烦这种传统旧学，只采取了应付的态度；其国文成绩的平均分达到了最优等的分数线（80分以上），作文明显是他的强项，而习字则不理想，与他后来的书法家身份似乎也不相符；他对“新学”的兴趣明显超过了对“旧学”的兴趣，尤其是对外国语的学习、对算术、博物的学习，用了很大的工夫，取得了突出的成绩，这说明他受到了当时流行的“实业救国”思潮的影响。事实上，在领取了中学堂颁发的修业文凭和成绩单之后，他便考上了成都高等学校的理科，不久，他又考上了天津陆军军医学校。在较长时间里，他都把“科学技术”看得很重，课堂课后，主要精力都放在了读与此有关的教科书上。他这时的

“重理轻文”心理深受当时“务实”的时代的影响，可是，当他愈来愈感到文学的魅力和人文学科的重要的时候，他终于还是走上了“从文”的道路。他既重视人文学科又重视科学技术，后来出任中国科学院院长时，以一个诗人的热情呼唤“科学的春天”，就是有力的例证。

记忆大师

世人称郭沫若是才子，他超乎一般人的才情表现在许多方面，其中一个重要方面，即表现在他有惊人的记忆能力。

没有很强的记忆力，读书时旋读旋忘，那么读书就成了苦差事。前述郭沫若在四岁半时就主动要求进私塾读书，其中的一个原因就是他自以为记忆力不错，听他人读书自己便可成诵，遂将读书看作一件易事。这里固然有儿童的天真，但也确实显示了他有着很好的天赋。

他的优良的天赋，应该说与其父母的遗传和早期良好的家教有关。郭沫若的父亲郭朝沛在沙湾镇上是个大能人，郭沫若后来在自传中称他是个“很可怜的天才”，说“父亲的天分好像是很卓绝的”，并举出了一些事例来证明，如他善于经商而有很精明的实际家的手腕，善于治病而有某种“超感觉的精神作用”，等等。其中也许有因崇拜父亲而夹杂了夸饰的成分，但郭父的智商较高则是毋庸怀疑的。郭沫若的母亲杜邀贞性情开朗乐观，出身于州官家庭，经历过生活苦难，虽未正规读过书，却识得一些字，能够默记暗诵许多唐诗宋词。她教郭沫若学说话时，不仅教他一些儿歌童谣，而且将一些唐诗宋词教他背诵。郭沫若后来称母亲“事实上是我真正的蒙师”，从她这里受到了最初的“诗教”。很显然，父母具有的良好素质对郭沫若产生了很大的影响，而这种得之于双亲的天赋和家教，对他的记忆能力的培养产生了关键的作用，对其文学爱好的形成也产生了深远的影响。

有了很好的记忆力，读书自然就很容易见出成效。平时，郭沫若似乎并不怎样特别下苦功夫读书，有时甚至还相当顽皮，但每到考试时，却经常考出优异的成绩。他十四岁时参加乐山县的高等小学招生考试，与那些三四十岁的成年人一起进行，他考得很轻松，早早地就交了卷子。头场揭晓，他在近200名的考取生中考取了第27名，在同乡参考的人中，他考得最好，而年龄又最小，让人顿感惊异。复试时亦很轻松，在正取90名学生中名列第11名，同样赢得了大家的赞赏。入学之后，郭沫若感到课程十分贫弱，“吃不饱”，学习很少感到压力，许多时间都用在玩耍上，但稍稍用心读书，就记得相当牢靠。第一学期期末考试，便考了个第一名，许多学生都感到不可思议，尤其是那些老童生和城里学生，他们不相信平时贪玩的郭沫若会有这样突出的成绩，便一面撕成绩榜，一面强烈要求老师查卷。结果老师为了平息大家的怒气，违心地借故将郭沫若降至第三名。这件事对郭沫若学习的积极性打击不小，并造成了某种逆反心理的形成，但由于记忆力好，功课仍很容易对付，考试仍是优等。1907年6月5日，郭沫若以总成绩第三的好名次提前毕业，同年升入了嘉定府中学。学习的情形与高小时很相似：课程很少有满意的，老师的水平大多很差，读书少压力，所以，郭沫若不免经常贪玩闹事，将自己过剩的智力、精力用在游荡、打牌或喝酒上。但到了考试的关键阶段，则不免发挥一下强记忆的能力，通读教科书，有所侧重地做些准备，所以考试中郭沫若仍是强手，令不少学生又是嫉妒，又是羡慕。

对郭沫若来说，如果能够抓紧时间，勤奋读书，那效果肯定会令人惊奇的。1914年1月13日，郭沫若到了日本东京，开始了他“一生之中最勤勉的一段时期”。为了在半年之内就考取官费留学的学校，他“拼命努力日本语的补习，三四个月间是寄居于大冢，除了到神田的日本语学校有一段步行外，出外的时间几乎是没有的”①。为了增强读书的效果，他也将烟酒戒除了，只期学业有成。由于学习的精力格

①《自然的追怀》。

外集中，原本就好的记忆力发挥出更大的潜在能量，不仅基本掌握了日语，而且其他科目也复习得相当充分，结果如期考入东京第一高等学校预备班医科，是当年最快考入官费留学学校的中国留学生之一。郭沫若在自传中特别加了这样一笔："我在当时实在是拼了命，拼命地学日文，拼命地补习科学，结果我终竟以半年工夫，考上第一高等学校。这在当年听说是没有比我更快的了。"[1]人生难得几回搏，在这次为留学而进行的拼搏中，郭沫若作为才子的记忆能力，可谓发挥到了极致。

① 《我的学生时代》。

拓都与么匿

郭沫若一生勤于读书，这是个基本的事实；通常读书很细致，记忆力很强，这也是个基本的事实。但是，他也有读书粗心的时候，也有对重要或比较重要的内容失记的时候。

1913年6月，郭沫若报考天津陆军军医学校，被录取，欣然初出夔门，不意抵校后，待学生陆续到齐，学校却举行了复试，科学方面的题目比较容易，独有一道国文题目把沫若难住了。这个题目是《拓都与么匿》。

看着这个题目，郭沫若摸不着头脑，不知道糊里糊涂地写了些什么就交了卷。后来，还是四川同来的一个考生告诉他："这是total and unit的对译，是严几道的译语。"并解释说，严几道（即严复）译斯宾塞的《群学肄言》，对"拓都与么匿"这样的关键词作过说明，"拓都"大约指社会，

“么匿”则是指个人。郭沫若听了这解释，吃惊不小。他后来在自传中感叹道：

我的妈！这样伟大的一个难题，实在足以把人难倒。这同时也逼得我这个“么匿”没有胆量等待揭晓，在第二天一早——似乎是11月10号——便乘着火车赶往北京去了。

可是不久后，郭沫若就接到了天津来函，告知复试通过，没有一人被淘汰，并限他三日内返校。但这时的郭沫若只想依赖大哥郭开文帮他另谋好的出路，不想回天津那所印象不好的学校了。他在回函中还不忘讽刺一句：

天津之拓都笼范不下区区之么匿。

其实，这次复试只是学校例行的摸底考试而已，除非特别差的，或冒名顶替者，一般是不会被淘汰的。但确有不少学生被吓住了。尽管郭沫若因此离津赴京，后来得以去了日本，因祸得福，但老实说来，他对“拓都与么匿”的茫然不知，确是他读书粗心的结果。郭沫若在他那篇著名的《黑猫》自传文中曾说：“那时候我喜欢读的书是《庄子》《楚辞》《文选》《史记》、严几道译的《天演论》《群学肄言》。”郭沫若结婚是在1912年初春，其时严复的书就放在他的书桌上，被视为“喜欢读的书”之一。这点不奇怪，因为那时青年学子喜读严译理论著作已十分普遍。鲁迅在这方面的回忆可为旁证。但郭沫若熟读严复译著却未见得像鲁迅那样入神入迷。郭沫若连《群学肄言》中关键且是基本的概念词语也未记住，这不能不说是个遗憾。严复在《群学肄言·译余赘语》中说：“总曰拓都，译言全体，分曰么匿，译言单位。”这在初版第二页便明明白白地写着。一般而言，读译著，应首先细读译者有关的说明文字，受其导读，效果往往会事半功倍。何况，郭沫若当时是有五年学外语基础的人，对英语的熟练程度无论如何不至于不认识total and unit。在西方文化东渐的大潮中，用西语音译的词语往往很时髦，如赛因斯（科学）、德莫克拉西（民主）之类，皆为学子所熟悉。即使对“拓都与么匿”生疏，凭借这种大文化背景和外语基础，也应推想出是外语的音译，进而推出单词，审明题意，依题作文。这个题目出得怪，但也灵活、有难度，正是摸底性的题目。它首先检验学生是否有较为广泛的阅读，其次检验学生对外国语（英语）的熟悉程度，再次检验学生的作文能力，看其能否对“拓都与么匿”做出灵活的理解和深刻的把握。郭沫若未能审明题目，发挥出他擅长作文的能力，实是并不该单方面地责怪考试题目。许多郭沫若传记及有关文章每谈及此，大都和当时的郭沫若自己的看法相同，认为荒唐至极、莫名其妙，给予讽刺调侃，这其实是欠妥的。因为，如上所分析的那样，郭沫若未能弄明白“拓都与么匿”的题意而写出文章，至少说明他有时读书不够细致。这种情形实际也是读书人难以避免的，后进之人大可不必挖空心思为贤者的粗心辩护。

郭沫若读书有时粗心，并不限于青少年时期。即使在他专心治学的时期，限于种种条件，尤其是出于主观上的求多求快，读书粗心的情形仍时有发生，这也自然会影响到他的观点和论证的正确性。他避难于日本时改而主要致力研究历史文化，第一篇长篇论文《周易的时代背景与精神生产》是他购一册书读写六天的结果，其速度真是惊人。由此也可想见，材料不够周详、论述还有不足之处，自是难免。后来，有海外学者余英时指责郭沫若抄袭钱穆等说法到处流传，虽然这种指责缺乏充分的根据，但郭沫若治学中时或存在慌促、粗疏不够严谨的地方，却是无法否认的。国内的姚雪垠、吴泰昌等人也都曾言及郭沫若著述中的失误，大抵也都多少有些根据。对来自他人的正确批评或意见，他是能予以正视并表示感谢的。如他在给姚雪垠的信中就曾有这样的话：“我完全赞成您的观点。祝贺您的成功，感谢您改正了我的错误。”[①]郭沫若于《盲肠炎》中曾撰数篇文章批评

① 姚雪垠：《评〈甲申三百年祭〉》，《文汇月刊》1981年第1期。

国家主义者，有一文指出："好读书不求甚解，是我们中国知识分子的一种坏脾气。不读书好求甚解，也是我们中国知识分子的一种坏脾气。"这些"坏脾气"固然为郭沫若所警惕，但对他这样颇具复杂的诗人气质的文人来说，沾染上的坏脾气恐怕总是会有的，只不过大抵是处于次要地位罢了。

“我特别喜欢《庄子》”

人生大事之一是结婚，这是中国传统文化模塑的人生观中最流行的一种观点，用所谓“洞房花烛夜，金榜题名时”来形容男子一生至乐的两大快事。然而这两种至乐，青年郭沫若都未曾享受到。尤其是郭沫若初婚之时，竟是相当苦闷。在入洞房的前一天晚上，烦躁不安的郭沫若在厢房的油灯下，顺手从案上拿了一本《庄子》，倒在床上翻读起来。看到《齐物论》，忍不住读出了声：

> 南郭子綦隐机而坐，仰天而嘘，嗒焉似丧其耦。
> …………

在郭沫若所铺写的《结婚受难记》中，他插入这一细节，实实在在地印证了他所说的“我特别喜欢《庄子》。我喜欢他的文章，觉得是古今无两”不是妄语。因为在那样紧张、迷乱，不知所措的时候能够下意识地“顺手从案上拿了一本《庄子》”，这种看似偶然的举动却隐含着他对《庄子》的深切之在意。他从十三四岁就接触《庄子》，便直觉其文辞和内容中渗透的自由精神，由此产生了喜爱之情。但在“五四”之前，他的这种喜爱毕竟还不是充分的理性的认识，只是一般地欣赏庄子那“汪洋恣肆”的文风，“安贫乐道”的人格，鼓盆而歌、佯狂脱俗的狂狷之态。到了“五四”时期，由于有了西方文化与东方文化交织而成的文化参照系，郭沫若能在更广阔的背景和更深刻的层次上去认知庄子，便带来了对庄子的“重新发现”的喜悦，尤其是由此发现了庄子的“泛神论”思想和“真人哲学”，更是引起了他内心的一阵阵激动，并在诗歌创作中透入了庄子学说之精髓。正如他自己所说：“在那个时候我的思想上是倾向着泛神论（Pantheism）的，在少年时代所爱读的《庄子》里面发现出了洞辟一切的光辉。”川人先贤苏东坡在读《庄子》时有“得吾心矣”的特殊快感，郭沫若此时的感受正类乎此，且更具有了“五四”时代的追求精神解放、批判封建传统的新特征。他在《中国文化之传统精神》一文中，相当充分地揭示了老庄学说的人文价值：

> 我们在老子的时代发现中国思想史上的一个Renaissance（即文艺复兴），一个反抗宗教的、迷信的、他律的三代思想，解放个性、唤醒沉潜着的民族精神而复归于三代以前的自由思想，更是发展起来的再生运动。

老庄哲学的睿智机敏和批判精神，对陷于历史僵局、人生困境和世俗迷途的人类来说，总有某种唤醒的作用、“解放”的作用，以及“重建重构”精神文化的作用。这不仅在“五四”时期是如此，在当下似乎也如此。

郭沫若早在日本留学时，便曾想在精心研读《庄子》及有关材料的基础上，“做一部《庄周评论》”[①]，还把论述的详细构想告知远在北京的长兄，但兄长出于勉其力学实业的目的，告诫他应放弃对庄子的研究。虽然他未能写成《庄周评论》，但他读《庄子》的爱好并未丢掉，并在自己的诗歌创作中，极力弘扬庄子的尊重个性自由、否认神鬼权威的思想精神以及那种汪洋恣肆、想象丰富的浪漫文风。

不过，如众所知，郭沫若后来转变了，政治上竭力革命化的趋向，自然也影响到他对庄子学说的评价。他已经在新的信仰支配下可以“批判”庄子了。比如在《庄子的批判》

① 《沫若文集》第7卷，第58页。

《庄子与鲁迅》《〈兰亭序〉与老庄思想》等文章中，虽然努力采取综合辩证的实事求是的科学态度，在“批判”中既有否定也有所肯定，但毕竟是鲜明地批判了庄子的“滑头哲学”及其泛神论思想，并运用阶级分析方法，彻底否定了庄子的“厌世哲学”。然而值得我们反思的是，在郭沫若愈趋严厉地批判庄子的过程中，他的文学创造力似乎也在逐渐失去，他那丰满张扬的人格世界似乎也在逐渐显出凋零的景象，这一几近无情的事实，总是耐人寻味的。相比较，似乎在他咏唱这样诗句的时候，更具有艺术的创造力：

> 我爱我国的庄子，
> 因为我爱他的Pantheism（泛神论），
> 因为我爱他是靠打草鞋吃饭的人。

接受、创造与误读

进入20世纪，人类的世界意识得到了前所未有的强化，这同时向人们提出了一种要求，就是要关注世界文化，尤其是那些有志于成为新世纪的文化巨人或大家名流的人，不放眼世界，不对世界文化广纳博取，显然是不行的。20世纪传播世界文化的主要媒介物是书籍，特别是代表世界先进文化的外国书籍。于是，多读外国书便成了中国新文化先驱或建设者进入世界文化的极为重要的途径。在这里，拟从读书这一角度，就早期郭沫若对外国书的涉猎，进行一些简略的考察，并记录下一点有关的感想。之所以选择这样一个角度来谈，是基于这样一个想法，即我们既应研究郭沫若的书（著述），也要研究他所读的书及其影响作用，还应研究郭沫若的读书活动本身。而这后一点，似乎还不为学界所注意和重视。

郭沫若有幸出生于一个“读书的风气相当盛”的村镇和一个差可称为“书香门第”的家庭。但这“书香”无疑主要来自经书之类的传统旧学。大致而言，郭沫若在故乡、本国求学阶段所接受的教育，骨子里还是以传统文化教育为主导的。虽然郭沫若在家塾、小学和中学阶段都接触到新学，读到新的书刊，但其来自巨大的传统文化定式或惯性所植下的旧学根基，仍然构成了他先在的主要的文化接受机制，何况在彼时彼地讲求“富国强兵”“实业救国”的新学本身也带有相当浓厚的传统色彩，再加之师资水平方面的限制，使郭沫若在新学方面不可能有大的进步和收获。总而言之，就是在本乡、本国求学期间，郭沫若没有读到什么像样的或纯粹的“外国书”，他所读到的新书刊，充其量也只是有限地传播一些外国文化的国语书刊。相比较，他更习惯读的还是传统书籍。结婚第一天夜晚，郭沫若“顺手”拿来读的是《庄子》；“回门”的夜晚，所读的则是一部古版的《文选》。郭沫若参加天津陆军军医学校复试时，对严复译述的斯宾塞《群学肄言》中的主要术语相当陌生，以致对“拓都与么匿”这样的作文题无能为力。如果认真读过该译本（当时已相当流行，郭沫若也粗略读过）就会较容易地想起“拓都与么匿”是严复对英语total（全体、总体或群之意）和unit（个体、单位或己之意）的音译（有一些考生即知之），就不至于完全不懂题目含义而离题万里地胡写几句去交卷。尽管上了新式小学和中学的郭沫若，也曾被风行的林译小说俘获了心灵，但经由林纾“翻译”的外国小说在很大程度上已经“中国化”了，能使郭沫若感动并对其产生影响的大抵也是能够与其初成的文化心理结构相契合的情爱描写或英雄美人、才子佳人式的故事，如林译《迦茵小传》《茶花女遗事》《撒喀逊劫后英雄略》等，莫不如此。故而可以说，早年郭沫若的读书生活，基本还处于中国传统书籍或固有文化所形成的氛围之中，彼时的读书经历实不足以使他成为“文化新人”，至多不过是带有趋新倾向的“文化旧人”而已，所以我们没必要过分夸大少年时期郭沫若对西方文化的接受及其影响作用。

一个相当偶然的机遇，将郭沫若投入了由外国书籍或外国文化构成的环境之中。1913年12月27日晚上，郭沫若大哥郭开文的朋友张次瑜来访，并提议让郭沫若随他往日本留学。结果次日便登程，当时的郭沫若大有绝处逢生、柳暗花明而又必须背水一战、誓死一搏的心情。应该感谢和记住这个日子，因为这种读书环境的变换对当时已准备返回故乡、继承父业的郭沫若来说十分太重要——差一点，生活中多了一个普通的郭开贞，历史上却少了一个著名的郭沫若。

从读书学习的方式及目的而言，在家乡、本国求学期间的郭沫若，总体还停留在旧式的被动学习阶段；到日本留学期间，则基本进入了新式的主动学习阶段。非常自觉地刻苦读书以及高效地读书进度，已经成为他寻求精神支柱，寻求人生光明出路的重要途径，同时也在新的文化视域中，强化了郭沫若为中华崛起而读书的爱国心。从读书种类和内容上讲，留学日本时期，外语书籍成为郭沫若最主要的读物。开始时多是日语书，后来扩及德语书、英语书。起初较多地局限于教科书，后来则自由地搜读自己爱读的书，其中多是外国文学方面的书。日本的高等学校格外注重外语的学习，所用教材中多有外国文学作品，其中既有歌德、海涅等人的作品，也有泰戈尔的作品，等等。初时，郭沫若接触较多的是泰戈尔的作品，并为其所迷醉，不仅买他的作品，而且还到图书馆里寻他的作品，贪婪地读着，吟味和歆享着泰戈尔的诗歌意境。由此逐渐扩大开去，读到了印度古诗人加皮尔的作品，美国浪漫诗人惠特曼的作品，以及西方一些哲学家、思想家（如尼采、斯宾诺莎、马克思等）的著作。郭沫若在《〈我的著作生活的回顾〉提纲》中曾谈及自己“诗的觉醒”，便侧重强调了泰戈尔、海涅对他的影响；谈自己的“诗的爆发”，则侧重强调了惠特曼、雪莱对他的影响；谈自己“向戏剧的发展”，则侧重强调了歌德、瓦格纳对他的影响；谈自己“向小说的发展”，则侧重谈了福楼拜、屠格涅夫等人对他的影响。郭沫若从事创作是明显受到外国文化与文学的影响的。关于这点，许多学者都给予了充分的注意和相当详细的论述，这里不再赘述。但在此仍须强调这样一点，即郭沫若接受外国文学和文化的影响，是与他阅读外国书的读书活动密切相关并同步展开的。故而也要格外重视郭沫若阅读外国书的活动本身，深入细致地考察他是怎样读外国书的，以及他怎样以此为门径进入世界文化语境的。

一般说来，郭沫若阅读外国书和接受外国文化主要有这样三种既有区分又紧密联系的阅读方式，即兴趣性阅读、创造性阅读和误释性阅读。这几种阅读对他来说都至关重要。

兴趣性阅读对一个人的成长确实至关重要。从郭沫若读外国书的情形来看，从少年时代间接接触外国书（译作或国语书刊中介绍的外国文化），到青年时代直接接触外国书（外文书），除了教科书之类的必读书之外，大抵都属于兴趣性阅读的范畴。所谓兴趣性阅读，是受个人爱好和生命（心理）需要支配的自发性阅读。比如郭沫若从小养成的对诗歌的爱好，促使他在读外国书时，首先便对外国诗歌产生了强烈的感应。他偶然从同学处看到了泰戈尔的诗歌便产生了欣悦的感受，并引发了浓厚的阅读兴趣，或买或借，或读或抄，简直迷上了泰戈尔。对海涅、惠特曼、雪莱以及歌德、福楼拜等西方作家的喜爱情形大体也是如此。郭沫若初步接触教科书上的歌德、雪莱等西方作家的作品时，本来是以学习外语为主导目的的，但兴趣性阅读却将他本欲抑制的对文艺的爱好逗引出来并予以强化了。由此而来的出乎意外的收获着实丰硕，不仅得到了感情的自慰、心理的调适、审美的愉悦、人格的塑造，更主要的还在于由此引发了郭沫若对世界文化的强烈关注：既对外国文学产生了浓厚的阅读兴趣，也对外国哲学、历史等文化现象产生了浓厚的涉猎兴趣。郭沫若曾自述道："我在求学期间曾贪婪地追求过课外的读物：文学，哲学，社会经济等，与医学无关的著作我读了不少。这样的读书方式虽然好像是漫无目的，但其实也是为广义的学习。一个人的品格的养成，即所谓教养，和这种自由阅读是有深切关系的。"[①]显然，对外国书籍广泛的阅读，使郭沫若刷新和丰富了自己的知识结构和文学观念，同时也为其创造性阅读活动打下了坚实的基础。

郭沫若在创造性阅读方面与其他学人和作家相比，当数非常突出的一位。由兴趣性阅读往往可以导向创造性阅读。兴趣性阅读既有消闲、消费、自慰的一面，但也有积累、诱思及激发创造冲动的一面。后者在郭沫若早期的读书活动中也体现得相当突出。郭沫若由青少年时期的兴趣性阅读转向"为创作"而读书，这中间有一个从非自觉到自觉的过程。长期的兴趣性阅读，使郭沫若的文学素养已经相当深厚，加之传统教育中的诗文传授，已为他能够真正投入创作活动、走上文学道路做了必不可少的准备。他曾说："五四运动前

① 《我的读书经验》。

后，开始了我的初期的文学活动，因为在日本受资产阶级教育，与日本资产阶级文化一接触，便开始用新诗形式进行写作。”[①]他还说：“和这两位诗人（指泰戈尔、海涅——引者注）接触之后，我自然受了不小的影响，在一六、一七、一八几年间便模仿他们，偶然也写过一些口语形态的诗。”[②]诸如此类的表述，表明身处外国文化氛围中的郭沫若通过读外国书，产生了文学模仿和创作的冲动，并逐渐向自觉的读书与创作相结合的人生阶段过渡。也正是由于具有这种读书导向创作的深切体验，郭沫若才有可能做出这样的经验总结：“读外国作家的东西很要紧，无论是直接阅读或间接地阅读负责的译文，都是开卷有益的。据我自己的经验，读外国作品对于自己所发生的影响，比起本国的古典作品来要大得多……但外国的东西也应该选择近代的作品，中世纪的东西和我们没有缘，倒是古代人类还很年轻的时候，愈邃远的倒好像愈好。希腊的叙事诗和剧诗，希伯来的《旧约》，印度的史诗和寓言，中国的《国风》和《楚辞》，永远是世界文学的宝库。”[③]郭沫若在“为创作而读书”的自觉阶段，其阅读范围确实如以上所述，是以近代以来的外国书以及上古的外国书为主。也确如郭沫若所言，近代以来

① 《答青年问》。
② 《凫进文艺的新潮》。
③ 《如何研究诗歌与文艺》。

的外国书多能给人以“新鲜的启迪”，且与实际人生“有缘”；而上古文学作品“最贴切到了文学的本质”，奠下了永具文学魅力的文学原型。这种读外国书的体验，应该说与鲁迅读外国书的体验大同小异。鲁迅近于偏激地提倡读外国书而不读中国书，实在与郭沫若等人一样，其所表达的，不过是真实的“五四”那一代人最普遍的读书经验。这种读书经验属于开放和创新的时代，如今的我们对这种经验大多也有了感同身受的体会。

“为创作而读书”是目的性很强的阅读活动。这种阅读不应是生吞活剥地记诵，而应是化开溶解，巧妙地借鉴。这样的结果必然导向新的艺术创造，并往往会造成创作风格与所读之书（作品）的接近。郭沫若说过：“在我自己的作诗经验上，是先受了泰戈尔诸人的影响力主冲淡，后来又受了惠特曼的影响才奔放起来的。”[①]从诗风的冲淡到奔放，也折映出诗人读外国书的“经过”和心灵上的共鸣，这种对应诚是耐人寻味的。除了整体创作风格与所读作品的对应或接近，也有具体写作技法上的对应或接近。比如《凤凰涅槃》中着意于诗句的定型反复，便受到了华格纳诗剧的影响，增强了诗歌的音乐化效果；郭沫若早年“身边小说”的抒情笔调，也烙印着他所读的日本“私小说”的影响痕迹。郭沫若

① 《我的作诗的经过》。

在介绍自己“为创作而读书”的经验时还说：

> ……为了养成文艺的写作能力，我曾耽读过古今中外的一些名人的作品。这样的读书，自可以说是为创作而读书，但在这儿却有一个更狭义的经验，我想把它表白出来。
>
> 我自己在写作上每每有这样的一种准备步骤。譬如我要写剧本，我是先把莎士比亚或莫里哀的剧本读它一两种；要写小说，我便先把托尔斯泰或福楼拜的小说读它一两篇。读时也不必全部读完，有时候仅仅读得几页或几行，便可以得到一些暗示，而不可遏止地促进写作的兴趣。
>
> 别的朋友有没有这种习性，我不知道，但我感觉着这的确是很有效的一种读书的方法。①

郭沫若的这一“狭义的经验”确实道出了一种“很有效”的读书方法，能够直接为创作寻求触媒、灵感和镜鉴。这在郭沫若是一种“习性”，在许多作家那里大约也是一种少不了的“习惯”。不过，郭沫若在这里还只是交代了创作开手之前的阅读及其效应，实际在创作过程中穿插性的读书

① 《我的读书经验》。

和创作初毕后的读书，都对创作活动本身易于产生一些影响：因读新书而有所增益、润色、修改，这对自己创作行为的最终完成总是有好处的。当然，对自己作品的修改也往往会带来一些遗憾，这多与作家后来读书的选择趋向狭隘相关。郭沫若一生常改己作（尤其是对早年作品），即与他“紧跟时代”的读书活动密切相关，惜乎常改不佳、多遗话柄，这其中的教训也是应当认真吸取的。

这种常改己作而未落好的“教训”，亦可视为郭沫若对自己以前作品的“误读”（即误释性阅读）。但“误读”并不一定必然导致消极性的结果。在当今比较文化、比较文学研究领域，文化“误读”已成为许多国家学者共同关注的文化现象，并初步形成了值得重视的“误读”理论。受这种文化“误读”理论的启发，在读书活动乃至广泛的异元文化交流过程中，受读书主体条件限制的误释性阅读亦即“误读”现象是经常发生的，尤其在读外国书、接触外国文化时，这种“误读”更属司空见惯的事情；文化“误读”的情形非常复杂，尤其是异元文化或异国文化之间的“误读”，既不可避免地会造成文化隔阂、对立和误解，也会经由误读导向文化沟通、融合和新的文化创造。言及经由误读而导向文化沟通和创造，最典型的是那些成功的优秀的翻译。好的译作都少不了再度创造。有学者指出：“翻译作为一种以文本为基础的活动，毫无疑问首先是一种阅读行为，在这个阅读行为中，自然包含着两种意识的汇合：翻译家的意识和原书作者的意识。”[1]郭沫若在阅读大量外国书的过程中，“两种意识”的汇合促使他产生了翻译的愿望。他虽然说过“翻译是媒婆，创作是处女”，其实他并不看轻翻译，自己从事翻译的时间也很长。尤其是早期从事文学活动时，既有创作，也有翻译。如他对《茵梦湖》《雪莱诗选》《鲁拜集》《少年维特之烦恼》《浮士德》等的翻译，倾注了自己大量的心血，相当成功地进行语言转换和审美风格的再造，形成了颇有中国特色的“风韵译”[2]。乐黛云曾指出：“所谓‘误读’，是指人们与他种文化接触时，很难摆脱自身的文化传统、思维方式，往往只能按照自己所熟悉的一切来理解别人。”[3]这种基于自身文化传统而对外来文化的接受与再造，在郭沫若“为创作而读书”的活动中体现得非常鲜明，前此已有叙介。值得注意的还有，有时通过对他种文化的了解，也能够重新发现自己的文化传统。如郭沫若通过读朗费罗而看到了《诗经》的“美”，通过读泰戈尔而看到了《庄子》的“妙”，并由此激起他融通中外古今文化的灵思与投入到新的艺术创造活动中去的动力。这些都当属于积极意义上的文化

① 乐黛云等主编：《独角兽与龙》。
② 《〈歌德诗中所表现的思想〉附白》。
③ 乐黛云等主编：《独角兽与龙·序》。

“误读”。

当然，毋庸讳言，由于受浪漫人格和生活迫压等原因的支配，郭沫若在读外国书的过程中，也存在着不少消极意义上的文化“误读”。无论是因何种缘故，郭沫若的那些马虎粗疏的阅读和率意想象性的表达都势必造成难以挽回的遗憾（这也是常受人攻击或批评的地方）。考察异元文化之间的“误读”，主要有两种易于趋向偏颇或“文化偏至”的情形。一是由于民族中心主义的文化观的影响，对异元文化产生有意或无意的偏见，它以贬低异元文化为基本特点；二是将异元文化想象得十分美好，予以理想化的“误读”，它以幻想式的抬高异元文化为基本特点。“五四”时期的“国粹派”和“西化派”，大抵就分别属于这两个方面。早期郭沫若不属于这两派，但又与这两派各有相通之处。尤其值得注意的是，无论对中国传统文化（书籍）还是对外国文化（书籍）的理想化、浪漫性的“误读”，在郭沫若这里都存在着，此可谓向外向内的“双向误读”。如他对中国的先秦诸子文化、王阳明学说、明清小说等，对西方的泛神论、个性主义和马克思主义等，都时有浪漫性的误读现象发生（这种浪漫性的“误读”到后来转了方向或集中到了某个方面，有时竟蜕变成了自我诋毁和肉麻吹捧的昏话）。应当承认，在郭沫若一生的文学、文化活动中，其“双向误读”的现象确是很突出的，无论在日常的读书活动中，还是在异元文化的比较中，积极意义与消极意义上的误读现象都普遍存在着，这很值得我们深入细致地加以研究。这里的札记姑且算是抛砖引玉，诚盼有同道者在这方面取得新的学术成果。

走向歌德

在中西文化碰撞交融的20世纪初期，郭沫若读到了许多西方思想家、文学家的著作，从中汲取了丰富的精神营养。其中最令他折服的一个人是歌德。他欣然地走向歌德，不仅喜读歌德的作品，而且激赏歌德并乐于通过评论、翻译将歌德介绍给中国人，尤其是那些追求人的解放和艺术解放的青年人。

郭沫若将歌德视为伟大的天才，人中的至人，认为自己所处的“五四”时代与青年歌德所处的时代都带有狂飙突进、破旧立新的特征，这种时代背景的相同促使他与歌德的心弦起了共鸣。1920年初春的一天，已经翻译过歌德代表作《浮士德》第一卷（当时未出版）的郭沫若，与田汉同往太宰府观赏梅花。当他融身于大自然的美丽风光中的时候，情不自禁地高声朗诵起《浮士德·风光明媚的地方》。朗诵过后，还兴奋地喊道：“惠特曼呀，你的诗雄而不丽；海涅呀，你的诗丽而不雄。只有你哟，歌德！只有你的诗亦雄亦丽！我多么希望把你的诗全部找来通读，一直读到口角流沫、声带震破！”

通读歌德，确实是郭沫若读书生活中激动人心的一幕。

他从1915年始读歌德，越读越多，越读越精，越读越读出了其中味道。

精读歌德必然导致对歌德的崇敬，并引起了对歌德的内模仿的心理冲动。就在郭沫若与田汉同游太宰府时，便模仿着魏玛那座歌德与席勒并肩而立的著名雕像，请摄影师照下了一张神气十足的照片，还情趣盎然地说道：“歌德就在这儿，席勒就在这儿。”这种出诸年轻气盛的自诩，并非轻薄的游戏，而是一种非常真诚的师法文学巨匠之心态的流露。不久，郭沫若和田汉、宗白华便合出了《三叶集》，从中更细微地透露出“三叶”崇敬歌德、学习歌德的内心消息，在文坛上引起了一阵持续数年的“三叶热”，就像郭沫若译歌德《少年维特之烦恼》引起的“维特热”那样，对许多青年产生了深刻的影响。熟悉中国现代文化史的人都知道，郭沫若在1921年译出了歌德的《少年维特之烦恼》，1922年由上海泰东书局出版。初版尽管印制较为粗糙，误译之处也较多见，但仍然在读书界引起了一股强劲的“维特热”，使得歌德为广大的青年学子所知。为了对读者负责，在1926年二三月间终于使这部歌德在中国的第一个全译本得以增订，改由上海创造社出版部出版。郭沫若在增订本后序中仍激动地为“维特”的复活而欢呼，为宝贵的青春而欢呼，显示了青春诗人的浪漫人格。

后来，郭沫若依然与歌德结下了难解之缘，在研读歌德的时候，仍旧按捺不住内心的激动，仍旧想尽自己的力量将歌德译介给中国人。他在1928年终于将十年前译的《浮士德》第一部译稿补译、润色完毕，并很快得以出版；1942年8月28日在重庆举行了纪念歌德诞生193周年的晚会，晚会上由郭沫若主讲《歌德的思想和艺术》，他将读歌德的心得体会坦诚地讲出，博得了大家热烈的掌声。在晚会快结束的时候，他还挥毫题词，认真地写了这么一段话，集中表达了他对歌德的认识：“歌德的才智的发展是多方面的，他不仅是文学家，而同时是政治家、科学家、思想家，在自然科学方面，他是进化论的前驱，他在人体解剖上曾经有所发现，在色彩学中有独到的研究，作为文学家时，他是德意志近代文学的开山，他的诗歌有好些是不朽的，他在文学中也是多方面的，不过他的小说和戏剧，用现代的眼光看来，不免是过去了，他值得我们学习的是他不断的努力和健全的博爱思想。”郭沫若对歌德这样的在多方面都取得突出成就的人特别推崇，认为中国古代的孔子和歌德是世界文化史上两个难得的“球形的天才”。从一定意义上讲，郭沫若也可以被视为是一个“球形的天才”，尽管这“球形”不很巨大、不很圆满，球面有些斑点和凹凸不平之处，但他所取得的多方面成就毕竟不是一般读书人所能企及的。他是文学家、历史学家、古文字学家、书法家、政治活动家，在诸多领域的成就之总和充分显示了一个读书人所能达到的人生高峰是何等的壮观。有人在相对的意义上称郭沫若是“全能冠军”，尽管他在某些方面有弱项；也有人称他是“百科全书式”的文化巨人，“社会主义时代的新中国的歌德”。这些说法都是比拟，不必计较其精确的程度，但从中可以感悟到，郭沫若从青年时代就开始读歌德，从而不断地走近歌德，在追求理想人生的过程中，“歌德”昭示着的其实是一种相当完美的范型，它对郭沫若来说，是召唤，也是诱惑。

就在这种召唤和诱惑的过程中，郭沫若不断地努力着，去构建自己的丰富人生，并时时眷顾心中的歌德，在百忙中挤出时间读歌德、译歌德，在1947年5月，他终于译完了歌德巨著《浮士德》第二部，了却了三十年来的一桩心事，同时与晚年歌德在心境上也产生了共鸣，还萌发了一种超迈“浮士德的乌托邦”的强烈冲动。虽然后来证明，郭沫若也曾身不由已地陷入了某种“乌托邦”之中，但他毕竟历尽劫难，看到了新的曙光，并在宽敞的病房中，听到了那一声真诚的呼叫声：

“郭老，您就是歌德……”

深自刻勉　克收厥成

读书学习其实是一件很辛苦很辛苦的事，不能吃这种辛苦的人，太多太多，不是半途而废，就是浅尝辄止。许多人就是因为不能吃苦，便被不断地从莘莘学子的队伍中淘汰出局了。

既然是吃苦的事情，就需要来自各方面的勉励，帮助学习者强固自己的意志。老师、家长的鼓励固然重要，学习者自己经常自勉自励似乎更重要。自己不给自己鼓劲，他人说的多了，也许还会起反作用。

郭沫若在学生时代，尤其是在日本留学期间，特别善于自我勉励，遂在学业上收获甚丰，读了大量的书，写了许多的诗，诚所谓“深自刻勉，克收厥成”。他给亲友写的信中多有发自肺腑的自励之语。这里仅从其致父母的信中选摘几则，适可为青年学子之楷模也。

1914年2月，郭沫若在给父母的信中写道：

勤苦二字，相因而至，富思淫佚，饱思暖逸，势所必然，故不苦不勤，不能成业。男前在国中，毫未尝尝辛苦，致怠惰成性，几有不可救药之概；男自今以后，当痛自刷新，力求实际学业成就，虽苦犹甘，下自问心无愧，上足报我父母天高地厚之恩于万一，而答诸兄长之培诲之勤，所矢志盟心日夕自励者也。

1914年3月14日致父母的信中又写道：

顾亲恩国恩，天高地厚，大好男儿，当图万一之报；此又学业深造所不能一日缓者，暂苦久甘，将来自信所以慰我亲心者，当必胜今日依依如儿女子守候起居之乐，少有以益，至赖祖德亲恩。

1915年4月12日致父母信中又格外强调了读书与报国之间的密切关系：

现在国家弱到如此地步，生为男子，何能使不学无术，无一筹以报国也。

1915年7月20日致父母信中又重申了“读书在自勉”的道理：

> 预科毕业，男虽第三，而学校分派，乃在第六高等，与自家希望，虽不免有失意处；然读书在自勉耳，学校完善与否，所关甚浅也。

1916年9月16日致父母的长信中借前贤以自励，再言读书之志：

> ……男想古时夏禹治水，九年在外，三过家门不入；苏武使匈奴，牧羊十九年，馑龁冰雪。男幼受父母鞠养，长受国家培植，质虽鲁钝，终非干国栋家之器，要思习一技，长一艺，以期自糊口腹，并藉报效国家；留学期间不及十年，无夏、苏之苦，广见闻之福，敢不深自刻勉，克收厥成，宁敢歧路亡羊，捷径窘步，中道辍足，以贻父母羞，为家国蠹耶！……

以上家信中的“不苦不勤，不能成业”，“学业深造所不能一日缓者，暂苦久甘”，“读书在自勉耳，学校完善与否，所关甚浅也”，“深自刻勉，克收厥成”等精粹话语，诚可视为读书学习的格言警句，时至现在具有普遍的指导意义。

郭沫若与父母的通信，大抵都由其在家中读书的小弟郭开运读讲给父母听，又代父母执笔给郭沫若复信，所以郭沫若信中经常有谈及小弟读书学习的话。自励励人，上面的那些自我勉励的话，客观上对小弟（信中常称元弟、季昌弟等）的学习也有鞭策的作用。除此之外，那些家信以及直接写给小弟的信中，常有督勉小弟读书的内容，不仅讲读书学习的目的、方法及内容等，有时还对小弟书信中的文句指点批评，其细心如斯，十分令人感动。比如1915年3月17日郭沫若的家信中写道："元弟在家，不可虚耍，新学问自是无从下手，然吾国旧书，不可不多读也。一国文学，为一国之精神，物质文明，固不可缺少，而自国精神，终不可失坠也。近世学子，通者无几人矣；而究之物质方面，智识仍仅肤浅，实是自欺欺人事。元弟既留家，想家中窗明，牙签锦轴，虽不算多，亦未为少；春日含和，风光绮丽，切不可荒废过也。"此信附言中又写道："元弟以后来函，总望详尽……每次来函，总觉下笔非常困难，干枯到十二万分，只搓一二件漫不足轻重语搪塞者然，殊非所能满足者也。常常提说，自觉太难，然又不能不说也。"1918年11月27日给小弟的信中也写道："人生斯世，固非如书蠹砚鱼死向纸墨间，然而茫茫浮世，无揖无梁，邈邈前途，如夜如漆；学习缉熙于光明，不藉学之光明，失所支柱，鲜不中流失柁，而歧路亡羊也。嗟乎！吾弟其勉之矣……"接下叙及家事亲情，对小弟家居照顾二位老人尤表感动，然信末附言中仍叮咛道："吾弟暇时读书，如有所得，或疑惑不解处，可随以告我，互为讨究也。"郭沫若如此关心弟弟的读书学习，所述读书方面的见解，多有高明之处，显示了他对读书活动的多方面的思考，这在客观上，也必然对他自己及他人的读书学习产生促进的作用。

弃医从文

“五四”时期有相当一批原本学实业的人，相信科技救国之伟力的人，出于对启蒙主义及人文精神的信仰和追求，同时也基于对文学的强烈爱好和大量阅读，纷纷抛弃原来学习的专业，投身到五四文学运动的热潮中，结果形成了一种相当突出的“弃×从文”（×代原所学专业，主要是物理、化学、地质、生物、医学以及军事、商贸等方面的专业）的文化现象。在物质文化、制度文化和精神文化的改革链中，“弃×从文”者更为看重的是精神文化改造、更新的重要作用，甚至将这一环节视为振兴民族、立人立国的关键。当时鲁迅的“弃医从文”，就是基于这样一种认识。郭沫若亦然。但他的“弃医从文”不似鲁迅那样干脆利落，“弃”的过程艰难而又痛苦。其间，对文学及人文学科著作的大量阅读，是促使他逐渐下定决心“弃医从文”的催化剂。

1921年2月，郭沫若曾写信给郑伯奇，说明自己已厌弃医学，耳疾及繁重的课程使他感到学医的痛苦，想转学到京都大学改学文科，但这一想法未能实现。郑伯奇回忆说：“他曾几次决心要休学或者转学，但考虑到家累和职业等问题，又下不了决心。”[①]愈是这样犹豫，就愈是感到痛苦憋闷，就在1921年的春天，他有好些天都闷在家里，不去学校，而从早到晚都只读文学、哲学之类的书。他读了福楼拜的《包法利夫人》、左拉的《制作》、莫泊桑的《波南密》《水山》、哈姆森的《饥饿》、毕希纳尔的《大饥》，以及易卜生、霍普特曼、高尔斯华绥等人的戏剧。愈读这些书，愈爱这类书，便愈加厌弃医学，回国专心从事文学事业的“心事”也就愈见沉重了。郭沫若的日本妻子安娜夫人眼看丈夫心事重重，待在家里不去学校而只读他爱读的书，万般无奈，只好同意他“弃医从文”，让他回到中国另外寻求出路。不过还是让他保留了学籍，权作后路。送别时，安娜还特地做了他爱吃的红豆饭和红鲷鱼为他饯行。

从幼年起嗜读文学书籍形成的根深蒂固的爱好，使郭沫若从文的决心愈趋坚决，即使在他于1923年3月终于拿到了毕业证书和医学学士学位，也仍旧决然拒绝唾手可得的行

① 郑伯奇：《忆创造社》。

医职位和丰厚的酬金，甘愿从事彼时相当贫寒的文学事业。即使郭沫若这样的大才子，勤奋加苦干，写了那么多优秀作品，也仍然难以养家糊口。安娜带着几个孩子来到中国，与郭沫若在上海共同生活的近一年的时光，简直被穷愁折磨得筋疲力尽。其间，重庆红十字会医院派专人带了一千两银子的汇票和会长的长信，请郭沫若去担任医务主任，月薪四百元。这在当时简直是上等的待遇了。但郭沫若出于种种考虑，尤其是出于对文学事业的挚爱，放弃了这次行医的机会。安娜劝他在上海自己单独开业行医借以养家糊口，他也不做，为此还吵起架来。他曾在自传体小说《漂流三部曲》中对此前此后的情形及心态给予了忠实的描述，并借人物之口说："医学有什么！我把有钱的人医好了，只使他们更多榨取几天贫民。我把贫民的病医好了，只使他们更多受几天富儿们的榨取。"他后来又解释说："我是衷心尊重医学的一个人。惟其尊重它，所以我不敢行医。我恨死一般不负责任的西医，不负责任的中医我也看成是一种罪恶。"[①]上述的看似矛盾的解释，其实都带有某种托辞的性质。归根结底，郭沫若对职业的选择已然树立了自己的标准，首先就是要契合自己的性情爱好，使自己长期阅读文学书籍而形成的知识积累能够得到充分的利用，并由此获得对人生来说是不

① 《沫若文集》第6卷，第13页。

可或缺的成就感，既可以“自我实现”，又可以对他深爱的祖国有较大的奉献。

从这种意义上来看郭沫若的“弃医从文”应该说是非常明智的。而他的如下解释，则从读书积累形成的文化心理结构或知识框架中给予了更为合乎逻辑的回答：“自己在国内所涉猎的，主要的就是文学。到了日本虽然把文学抛弃了，但日本人教外国语，无论是日语、德语，都喜欢用文学作品来作读本。因此，在高等学校的期间，便不期而然地与欧美文学发生了关系。我接近了泰戈尔、雪莱、莎士比亚、海涅、歌德、席勒，更间接地和北欧文学、法国文学、俄国文学，都得到接近的机会。这些便在我的文学基底上种下了根，因而不知不觉地便发出了枝干来，终竟把无法长成的医学嫩芽掩盖了。”①

郭沫若的文学之“根”，来自于他长期的文学阅读。并由此“根”的生发，才有了枝干和花叶，才有了“弃医从文”，才有了相应的文学成就。当然值得说明的是，郭沫若“弃医从文”之“文”，并不限于文学，也指其他“文化”工作，诸如古代文化研究、政治文化活动等，都是郭沫若后来从事的也擅长的工作。郭沫若在1946年4月29日于重庆大学的一次讲话中，讲了自己“弃医从文”的原因，“……

① 《沫若文集》第6卷，第12页。

第三年要临床实习，一切都离不了听，那时我真急得发疯，甚至想自杀。苦闷得三个月没有下楼。后来，这苦闷终于克服了。这也可以说，还是耳朵聋帮助我克服的。因为我耳朵聋，我就拼命用眼睛。我把力量用到文学上去，用到古代文化上去……从这里，我得到一点经验，就是有缺陷也照样可以得到成就，只要你自己不灰心，努力学习，尽量用一切方法补救自己的缺陷”。他在讲话的最后，还对青年学生说了几句幽默的话：“就把这一点点作为芹菜献给你们！就把这一点点作为泥块献给你们！如果有残废的同学，不要因为自己的一些缺陷而悲观，你们的聋子老大哥在这里！”① 郭沫若在此仅仅强调了耳聋对他改变人生选择的影响，也说到“从文”的两个重要方面，即文学和古代文化。他在“耳不聪”的情况下，转而充分发挥“眼却明”的优势，广阅博览，尤其是文学和古代文化方面的书，遂取得了绝非轻易可以菲薄的成就。

① 《郭老为什么弃医从文》，《新文学史料》1979年第5辑。

读书与创作（一）

1918年郭沫若升入九州帝国大学医科，学习更加紧张，但潜抑的文学爱好仍时或将他牵向文学书籍。他仍经常跑到福冈图书馆去看书，尤其是文学方面的书。有时读着读着，便感到了强烈的创作的冲动。他曾自述《地球，我的母亲！》的创作过程：

《地球，我的母亲！》是民八（即1919）学校刚好放了年假的时候作的，那天上半天跑到福冈图书馆去看书，突然受到了诗兴的袭击，便出了馆，在馆后僻静的石子路上，把“下驮”（日本的木屐）脱了，赤着脚踱来踱去，时而又率性倒在路上睡着，想真切地和“地球母亲”亲昵，去感触她的皮肤，受她的拥抱。——这在

> 现在看起来，觉得是有点发狂，然在当时却委实是感受着迫切。在那样的状态中受着诗的推荡，鼓舞。终于见到了她的完成，便连忙跑回寓所把她写在纸上，自己觉得就好像真是新生了的一样。[①]

正是由于有类似的一些关于读书和创作的直接经验，所以后来郭沫若在介绍自己的读书经验时，便径直概括出这么一条：为创作而读书。

这是目的性明确的读书，既为了借鉴他人成功的艺术经验，也为了诱发自己创作的灵感。循此，郭沫若还介绍了一种“狭义的经验”：

> 譬如我要写剧本，我便先把莎士比亚或莫里哀的剧本读它一两本；要写小说，我便先把托尔斯泰或福楼拜的小说读它一两篇。读时也不必全部读完，有时候仅仅读得几页或几行，便可以得到一些暗示，而不可遏止地促进写作的兴趣。[②]

这种“狭义的读书经验”在别的作家那里也许同样存

---

①《我的作诗的经过》。
②《我的读书经验》。

在，但却少见人如此直白。其实，郭沫若所谈的这一“狭义的经验”只是“为创作而读书”的一种，而“为创作而读书”又只是诸多读书方法（如为学习而读书、为研究而读书、为愉悦而读书、为教育而读书等）中的一种。可是无从否认，在郭沫若的读书生活中，为创作而读书是最值得珍视的一个方面。郭沫若曾在一则日记里表示，他想写一部回忆录，题目是“我的著作生活的回顾”，在这个回顾中，他要详述的一条线索，就是他的创作和他所读的书的同步递进。为此他已列出了一个写作大纲：

一、诗的修养时代

唐诗——王维、孟浩然、柳宗元、李白、杜甫、韩退之（不喜欢）、白居易。

《水浒传》《西游记》《石头记》《三国演义》都不曾读完，读完且至两遍的只一部《儒林外史》。喜欢《西厢》。喜欢林纾译的小说。

二、诗的觉醒期

泰戈尔、海涅。

三、诗的爆发

惠特曼、雪莱。

四、向戏剧的发展

歌德、瓦格纳。

五、向小说的发展

福楼拜尔、屠格涅夫、斐理普、柔尔·鲁纳尔。

六、思想的转变

他的这个大纲写于1928年2月18日，过了不到一个礼拜，即同月24日，郭沫若便动身到日本了，此后主要致力于“为研究而读书”，便把这个关于著作生活的回顾的写作计划搁置了。也许，他后来调整了这个计划，将其扩展为自己整个人生的回忆录。在日流亡期间他便写了《我的幼年》（1928年4月撰，次年由上海光华书局出版）《反正前后》（1929年8月由上海现代书局出版）《黑猫》（1931年12月由上海现代书局出版）《创造十年》（1932年9月上海现代书局出版）等，其中也叙写了他的读书生活与写作情况。然而毕竟不是集中地叙写其读书、著书生活的，所以郭沫若拟作“我的著作生活的回顾”未能成书，确实是个遗憾。

不过，仅从这个大纲的纲目便可看出他对自1928年及其以前的著作生活的回顾。所列大纲纲目，除了大概的分期开列章目为“诗的修养时代”“诗的觉醒期”“诗的爆发”等之外，作为提示性、说明性的章节内容，居然只是一些作家或作品的名称，显然，郭沫若主要是从读书的角度去“回顾”自己的著作生活的。

读书与创作（二）

郭沫若首先是以诗人名世的。他在《我的著作生活的回顾》的提纲中，列述了六个部分，前三个部分写的都是他的诗创作生涯：“诗的修养时代”“诗的觉醒期”和“诗的爆发”，既显示了他从读唐诗到外国诗的变化，也显示了他从写旧体诗到自由诗的过程。

尚未入私塾的郭沫若便由母亲的口述，接触到了唐诗。“淡淡长江水，悠悠远客情。落花相与恨，到地亦无声。”悠然清雅的音韵和朦朦胧胧的诗美，经由母亲的细语，达于郭沫若幼小的心灵，似乎在不言中种下了诗的种子。他后来曾说：“假使我也算得个诗人，那这个遗传分子确也是从我母亲来的了。”[①]在母亲处接受了诗教的第一课之后，郭沫

①《三叶集》。

若在私塾中又受到了非常严格的诗学教育。除了大量阅读唐诗、《千家诗》等作品之外，还要学习写对句及五七言试帖诗，以便掌握写古典诗的技巧。郭沫若后来称此为“诗刑”，但从这“诗刑”的客观效果来看，确乎对其写诗能力的提高产生了决定性的影响作用。他的那册由后人搜集编成的《郭沫若少年诗稿》（四川人民出版社1979年版）便足以证明他所承受的来自家庭和私塾的诗教或诗刑，都有其可以肯定乃至赞赏的地方。郭沫若在绥山山馆私塾期间作的诗尚有几首保留了下来，这就是《村居即景》《早起》和《正月四日茶天岗扫墓中途遇雨口占一律》《茶溪》等。其诗艺已达到了较为娴熟的程度。如《村居即景》一诗：

闲居无所事，散步宅前田。
屋角炊烟起，山腰浓雾眠。
牧童横竹笛，村媪卖花钿。
野鸟相呼急，双双浴水边。

在郭沫若出国前，读古诗、写古诗的习惯始终保持着。写下了为数可观的诗作，收在《郭沫若少年诗稿》中的不过是其中幸存下来的而已。

尽管已经写过不少旧体诗，但在郭沫若自己看来，“真正的诗的趣味和才能是没有觉醒的”。他进入诗的觉醒期是由于读到了美国诗人朗费洛的《箭与歌》。读时的感受是觉得“异常的清新”，“好像第一次才和‘诗’见了面的一样”[①]。这话听起来多少有些夸张。若说在郭沫若留学初期读到了许多外文诗歌，从而逐渐有了“新诗的觉醒”，那是恰当的。1915年，郭沫若读到了泰戈尔的诗《岸上》《睡眠的偷儿》《婴儿的世界》等，深为其清新平易而感到惊异和陶醉，于是便留意搜读泰戈尔的诗，读到了泰戈尔的《新月集》《园丁集》《吉檀伽利》《爱人的赠品》等作品时，更是感到了诗美的销魂与呼唤，尤其在他陷入了与佐藤富子（安娜）的忘乎一切（包括自己的已婚、跨国的婚恋等顾虑）的热恋之时，读诗与写诗的双重要求便促使他顺顺当当地写出了一批“泰戈尔式”的诗歌，如《新月与白云》《死的诱惑》《别离》《Venus》《鹭鸶》，等等。也正是在这样的柔美清丽的爱意缠绵的诗情诗境中，郭沫若扩大了他的阅读范围，又喜爱上了德国著名诗人海涅的诗。喜其诗和泰戈尔的诗一样都有清新的味道，并更有“人间味道”——尤其在爱情诗上更坦率也更浪漫。郭沫若热烈地读着泰戈尔、海涅的诗，同时也热烈地投入了诗歌的写作（主要是情诗），兼而翻译了泰戈尔、海涅的不少诗，惜乎因出版社眼中没有郭沫若，译诗集《泰戈尔诗选》和《海涅诗选》均未

① 《我的作诗的经过》。

能出版。但他所写的带有泰戈尔、海涅深刻影响的新诗，除陆续发表之外，还有一些收入了《女神》。

伴随着五四新文化运动的兴起，文学新潮也开始卷起狂飙。在这种时代精神的感召下，郭沫若通过阅读惠特曼、歌德、雪莱等诗人的诗迎来了“诗的爆发”。尤其是读惠特曼的《草叶集》，深深感到了一种震撼，自己的诗风也为之一变。他立意效法惠特曼写出够味的热情奔放的自由诗，不再缠绵低吟、平和冲淡，转而追求雄浑豪放、自由畅达的浪漫主义诗风，于是写下了《立在地球边上放号》《地球，我的母亲！》《匪徒颂》《晨安》《凤凰涅槃》《天狗》《心灯》《炉中煤》《巨炮之教训》等一系列“惠特曼式”的诗。郭沫若在《序我的诗》中说：

> 当我接近惠特曼的《草叶集》的时候，正是“五四”运动发动的那一年，个人的郁积，民族的郁积，在这时找出了喷火口，也找出了喷火的方式，我在那时差不多是狂了。民七民八之交，将近三四个月的期间差不多每天都有诗兴来猛袭，我抓着也就把它们写在纸上。当时宗白华在主编上海《时事新报》的《学灯》。他，每篇都替我发表，给予了我以很大的鼓励，因而我有最初的一本诗集《女神》的集成。

在这一“诗的爆发”时期，郭沫若的读诗、写诗和发表都进入了“良性循环”状态，突出地显示了作为一位诗人的艺术创造和艺术风格。可惜这一良性循环状态不久因发表这一环节出了问题（换了编辑），影响了郭沫若的情绪，破坏了这一“良性循环”的运作系统，令这一难得的灵感喷涌的诗歌景观过早地消失了。想一想，郭沫若一生中也难得有几回能如此痛快地读诗、写诗和发表，那是全身心的最彻底也最真诚的激动和调动，其创造潜能得到了极大的发挥。读他的《凤凰涅槃》《女神之再生》《天狗》《炉中煤》《地球，我的母亲！》等充溢着生命热情和浪漫奇想的诗歌，每一个读诗的人确实感到郭沫若所说的“惠特曼解放了我”诚非虚言。此外，他的这段话也应注意：

> 但我要坦白地说一句话，自从《女神》以后，我已经不再是“诗人”了。自然，其后我也还出过好几个诗集，有《星空》，有《瓶》，有《前茅》，有《恢复》，特别像《瓶》似乎也陶醉过好些人，但在我自己是不够味的。……我始终是感觉着只有在最高潮时候的生命感是最够味的。[1]

---

① 《沸羹集·序我的诗》。

《女神》之后，郭沫若仍时或集中地读诗、写诗，译诗集如《鲁拜集》等也表明他依然与诗结缘。在统计他后来的诗，包括1949年后的旧体诗词之后，也能看出他越来越有意识地利用诗来达到真正的诗歌之外的目的。彼时，他的诗心在大多数情况下注入了更多的铅一般的思考或现成的口号，所以晚年郭沫若也曾以自嘲的口吻写道：“郭老不算老，诗多好的少。”唯其如此，郭沫若“最高潮”时的读诗、写诗所散发出来的生命感，确是最令人感佩并向往的。

读书与创作（三）

对诗歌的长期阅读积累了写诗的能量，使郭沫若在“五四”诗坛脱颖而出。与此相比，郭沫若在戏剧的阅读上，积累便较为欠缺，只读了不多的中国古典戏剧作品，以及少量的外国戏剧作品。所以在他开始涉足戏剧时，写下的是较难搬上舞台的“诗剧”。

1919年暑假期间，郭沫若开始翻译歌德的诗剧《浮士德》，无形中受到这种诗剧形式的影响，于是在翻译了《浮士德》第一部之后，便创作了诗剧《棠棣之花》，随后又写下了《女神之再生》《湘累》及《孤竹君之二子》等诗剧。使郭沫若比较热情地投入诗剧的创作还有另外的阅读对象，主要包括当时流行着的新罗曼派和德国新起的所谓表现派的戏剧作品，如妥勒尔的《转变》，凯惹尔的《加勒市民》

等，以及英国莎士比亚、爱尔兰约翰·沁孤、印度伽里达惹等剧作家的经典性的作品。当然，郭沫若读外国戏剧（尤其是诗剧）作品不会停留在欣赏或模仿的阶段，他在创作其早期的戏剧作品时，已经比较自觉地调动了自己阅读和观赏中国戏剧戏曲的经验，使其融入自己的诗剧创作，而不是一味地跟在他人后面亦步亦趋。比如他认为西洋诗剧的对话都用韵文表现，实在太不自然。这毛病在名作《浮士德》中也存在着。相比较，元代杂剧和以后的中国戏曲，唱与白分开，唱用韵文以抒情，白用散文以叙事，在表达形式上更为合乎情理。所以郭沫若的诗剧实际已经采取了中西结合的创作路数，初显了他的戏剧创作的才华。比如他的《聂嫈》（戏剧集《三个叛逆的女性》之一），在从中国历史典籍中采取材料、从中国传统戏剧中汲取技巧的同时，还从阅读和自己翻译的外国剧作中吸收有益的营养。就在郭沫若热衷于写作剧本的时候，他对外国戏剧作品也开始了相对集中的阅读，其中有的剧作还引起了他的激赏，自己便动手予以翻译，介绍给国人。1925年，他译了爱尔兰剧作家约翰·沁孤的六个剧本，合成一本《约翰沁孤的戏曲集》（包括《悲哀之戴黛儿》《西域的健儿》《补锅匠的婚礼》《圣泉》《谷中的暗影》《骑马下海的人》）；后又翻译了英国著名作家高尔斯华绥的剧本《争斗》《法网》和《银匣》，先后在上海出版，不仅对当时的读者产生了影响，也对他自己产生了一定积极的作用，体现在戏剧创作上，即是促使郭沫若的戏剧创作向现实主义转化，同时注意多方借鉴，丰富戏剧表现的具体手法。如他在介绍自己创作《聂嫈》时的读与写的情况时就清楚地表明，他在《聂嫈》中着意对人物心理情绪进行一些具象化的处理，既受到了爱尔兰作家约翰·沁孤的影响，也受到了日本文艺中“物之哀”的审美情调的熏染，而这一点也通向佛教文学或印度文学。郭沫若谈他读约翰·沁孤剧本时的感受：很平淡而又很深湛，读着读着，总禁不住要使你的眼角发酸。[①]读印度文学时，则是另一种净化的体验，“我读过伽里达葸的《霞空特罗》，那种翡翠般的有深度的澄明，读起来令人心身上所有的一切窒郁，都要消融了的一样”[②]。郭沫若在自己从事戏剧创作时，也追求自己的剧作能够给读者留下这种深刻的印象和美妙的感受，既质朴精练，又澄明幽远；既有时代精神，又有人性意味。他的《三个叛逆的女性》以及《女神之再生》等作品，就具有这种复合性的诗化的境界，令今天的读者从中仍能获得有益的启示和美感的享受。

郭沫若在小说创作方面也受益于他对国外小说的大量阅读。初期是读以林译小说为代表的翻译小说。留学以后，则可径直读外文小说，除了一些日本小说之外，还“读了佛罗

① 阎焕东编纂：《郭沫若自叙》。
② 《沫若文集》第6卷，第212页。

贝尔的《波娃丽夫人》（通译为福楼拜《包法利夫人》），左拉的《制作》，莫泊桑的《波南密》（通译为《漂亮朋友》）、《水上》，哈姆森的《饥饿》，波奕尔的《大饥》”[①]等，当然还有歌德的《少年维特之烦恼》，屠格涅夫的《处女地》等名作，读的小说多了，在无形中也就有了一种“小说的诱惑”——既诱其读更多的小说，也诱其进行小说的创作。最初尝试写的短篇小说《骷髅》，便比较自觉地“采用着欧洲旧式的小说体裁”[②]，传奇和魔幻的色彩确实显示着欧洲旧式小说的某种特征。可惜这篇小说因发表受挫，被郭沫若焚毁了。接下来，郭沫若更加发挥其奇思幻想的虚构能力，写出了颇为浪漫的《牧羊哀话》，又有《鼠灾》《漂流三部曲》《喀尔美萝姑娘》《残春》《未央》等一系列小说出世，将“身边小说”与“心理小说”交融在一起，增强了中国现代小说的抒情性和浪漫主义色彩。从这些小说中，不仅可以窥见郭沫若相当复杂的心境变迁过程，而且也可以确证他所阅读的外国小说及其思想文化背景（如个性主义、弗洛伊德学说等）带给他的深刻影响。

---

①②《创造十年》。

“诗人译诗，以诗译诗”

郭沫若在中学阶段持续学习英文，学了五年才把匡伯伦的《廿世纪读本》的前三本读完了。但书中的诗因为老师不教，大多都没有读。及至1913年进入成都高等学校理科，继续读匡伯伦的英文教本第四、五卷。在这时他发现了美国诗人朗费洛的一首诗《箭与歌》（*Arrow and Song*），没有查阅英语词典便轻松地看懂了，而且能够领略到那清新、美妙的诗味诗境，但他并未着手将它译为中文诗。他开始有意于译诗是在日本留学的时候。1915年春，他偶然接触到泰戈尔的诗，一读便深深地喜爱上了。由此还萌发将其译为中文选集的念头，因联系不上出版的地方而最终放弃了这一计划。不久他又深爱上了海涅的诗，亦有意译出，也因未有出版处而作罢。年轻人初始探索成功道路，大抵都会遇到些挫折，即使像郭沫若这样的“才子”，也不例外。不过，他初译泰戈尔、海涅的一些诗对锤炼其译笔毕竟是有所帮助的。后来有了一定声名的郭沫若继续提高翻译水平，从1919年起陆续发表了不少译诗，1928年出版了《沫若译诗集》，受到了广大诗歌爱好者的欢迎。在翻译外国诗歌方面，郭沫若比较有成就的译作有多种，除《沫若译诗集》之外，还出版独译或合译的诗（诗集）有《德国诗选》（1927）、《雪莱诗选》（1928）、《浮士德》（1928—1946）、《鲁拜集》（1928）、《新俄诗选》（1930）、《华伦斯泰》（1936）、《英诗译稿》（1980）等。在翻译外国诗歌方面，郭沫若成功地实践了他的“以诗译诗”的主张，即努力将外国诗译得像真正的诗，为此要“循着原作的思想，运用自己的语言，进行新的创造”，体现出了译诗与创作的紧密结合。如他译雪莱《西风歌》，在竭力再现原诗神韵气势意境的同时，还融入了自己的精神创造。他将《西风歌》的结句译为：

严冬如来时，哦，西风哟，
阳春宁尚迢遥？

读来既感到它是雪莱之诗，又是郭沫若之诗。郭沫若将中国诗歌的审美风格巧妙地融入了“西风”之歌，比如“严冬”与“阳春”的对仗，“宁尚迢遥”的典雅，均透出了东方化的审美情调。

郭沫若依仗精通或熟悉日语、德语、英语、拉丁语等几门外语的优势，阅读了大量的外国诗歌，其所译出的部分，仅为其精读诗作中小部分而已。这表现在翻译其他品类的外国著作方面，情形也是如此。他读了许多马列主义方面的理论著作，动议要译的著作也较多，但最终只译出了《政治经济学批判》（马克思，1932年中文版）、《艺术的真实》（马克思、恩格斯，1936年中文版）、《黑格尔式的思辨的秘密》（马克思，1936年中文版）、《德意志意识形态》（马克思，1947年中文版）、《社会组织与社会革命》（河上肇，1924年中文版）等，相当遗憾的是他原本计划花五年翻译《资本论》，因故未能付诸实行。无论已译还是未译，只要认真读过，就会对阅读者产生影响。郭沫若由前期相当驳杂的思想状态中脱出，逐渐认同马克思主义，与他积极地读、译马克思主义方面的外文著作，显然有着最为直接的关系。

郭沫若非常重视翻译的“创造性”，强调翻译与创作的同一性，但他也曾在相对的意义上作了这样的形象区分：“翻译是媒婆，创作是处女。”他认为一位负责的有创造精神的媒婆，一定会以认真严肃的态度将健康美丽、情多意深的姑娘介绍给读者。正是出于这样的“媒婆观”，郭沫若在自己扮演“媒婆”这一角色时，首先进行的便是通过大量阅读，去挑选那些优秀的“姑娘”（作品）作为译介的对象，他对那种随便抓一本洋书就译的“轻率媒婆”的乱点鸳鸯谱之行为，十分反感，因此，他在选择译介对象的“高标准、严要求”方面，可以说还超过了同时代的鲁迅、茅盾等人。他所选择的文学原著，绝大多数都被历史证明是名家的名著，具有超越时空限制的艺术性，对艺术性差而仅有当下现实意义的一般作品较少顾及。他的慧眼识“姑娘”的本领使他成为读者普遍欢迎的“媒婆”。他不仅翻译了许多广受欢迎的诗作，而且翻译了不少优秀的小说、戏剧作品以及文艺论著，如《少年维特之烦恼》（歌德）、《石炭王》（辛克莱）、《茵梦湖》（施托姆，与钱君胥合译）、《新时代》（屠格涅夫）、《战争与和平》（托尔斯泰，与高植合译）、《日本短篇小说集》等外国小说；《法网》（高尔斯华绥）、《异端》（高尔斯华绥）、《约翰·沁孤戏剧集》（辛治）等外国戏剧；《美术考古学发现史》（米海里司）、《近代美术史略》（米海里司）等文艺论著。其中尤其是《少年维特之烦恼》，经郭沫若翻译在中国出版后，确曾轰动一时，出现过相当普遍的“维特热”，并不断地再版重印，其魅力至今不衰（详见下文）。当然，郭译并非全是上乘译作，所译作品也并非总能得到读者的普遍欢迎。比如他译尼采的《查拉图司屈拉》（现通译为《查拉图斯特拉如是说》），每周译一篇在《创造周报》上发表，译笔艰涩，少有人懂，遂使他感到了寂寞，失掉了继续翻译的勇气，于是便放弃了翻译。后来有一次参加严良才的婚礼，新娘子对沫若说她喜欢《查拉图司屈拉》，问他为什么不译完，此时他心中虽有些后悔，却仍未鼓起续译的勇气。

综观郭沫若一生的翻译活动，可以看出如下一些特点。其一是时间跨度大，作品种类较多。他的译龄甚至与他的创作年龄相当，长达六十年，从最早的译泰戈尔、海涅等人的诗，到晚年译《英诗译稿》，贯穿了大半个世纪。他所译的东西涉及七个国家的诗歌、小说、戏剧、文艺理论和政治经济学说等许多方面，出书达三十余种，总字数逾300万。其二是翻译态度严肃，所译多属精品或具有自己的鲜明特色。他慎于当“媒婆”，总在大量阅读外国原著的基础上，挑选出价值大、意义丰的作品来翻译，同时强调翻译与创作的深度融合，显示出了郭译强调“风韵译”的个性风采（有人名之为“神韵译”）。其三是将翻译活动置于中外文化交流和比较的大背景上，注意发挥翻译的多方面的文化传播作用。他曾说：“凡是世界上适合自己的最进步的东西，无论是精神的或物质的，我们都须得尽量摄取。”他认定先进文化是全人类共有的宝贵遗产，理应积极地予以接受，由此也便明确了翻译的目的，不仅企望自己的翻译能够有益于广大读者，也企望自己在翻译中更深入地了解作品，从而对自己的独立创作活动产生积极的影响。

少年的烦恼

歌德名作《少年维特之烦恼》初入华土，只探了一探头角，并未引起怎样的注意：1903年，著名政治活动家和诗人马君武翻译了《少年维特之烦恼》的一个片段，读者见一斑而不知全豹，也许仅逗引出了某种窥探的兴趣。及至郭沫若于1922年初将其全本译出，并于同年4月由上海泰东书局印行，读者才得睹真容全貌，喜爱者遂蜂拥而起，酿成了一股持续很长时间的“维特热”。据统计，从1922年到1932年间，郭沫若译的《少年维特之烦恼》成为当时名副其实的畅销书，由不同书店重印五十次以上，被维特这个文学典型感动的读者成千上万，甚至有人径直将名字改为“维特”或效仿维特那样去情死。20世纪40年代初仍有人特别指出：“郭沫若先生初期翻译的东西，在中国起了最大作用的，是《少年维特之烦恼》。因为当时社会是黑暗的，热情的青年，受不了那股冷气，无论在思想上，恋爱上，事业上，处处与青年人的理想背道而驰，维特的烦恼，成了大众青年的烦恼……”[①]可以说，《少年维特之烦恼》成了导泄“烦恼人生”之积郁的艺术象征，不仅对旧时代里的青年有强烈的心灵触动，对后世读者来说，只要人生的烦恼，尤其是情爱难酬的苦痛存在着，那么《少年维特之烦恼》的动人魅力就仍会存在。

据郭沫若在1922年1月写的《〈少年维特之烦恼〉序引》介绍，他在此四五年前即读到了《少年维特之烦恼》，并想予以翻译，但因故拖至1921年7月，经友人劝嘱，才利用寄寓上海的机会进行翻译，可是暑期酷热，又遭蚊虫袭扰，屡犯疟疾，高热相继，时反时复，吃了许多药也难降病魔，这使《少年维特之烦恼》译事进展得极为艰难缓慢。直到9月份郭沫若折返日本，白天到校上课，晚上挤时间赶译，这才一鼓作气将《少年维特之烦恼》翻译了出来。虽然他自知草率之处难免，但总体上却很自信，觉得亲爱的读者对这部译作“不至于大失所望”。读者即使未读浪漫凄艳的作品本文，而只是阅读了沫若的这篇介绍《少年维特之烦恼》特征、歌德生平及其创作《少年维特之烦恼》的经历的

① 艾云：《郭沫若先生的革命性》。

《〈少年维特之烦恼〉序引》，也会深深被其吸引、打动。其中所译的歌德写于《少年维特之烦恼》卷首的那首诗，就足以让人难以忘怀：

青年男子谁个不善钟情？
妙龄女人谁个不善怀春？
这是我们人性中的至圣至神；
啊，怎么从此中会有惨痛飞迸？
可爱的读者哟，你哭他，你爱他，
请从非毁之前救起他的名闻；
你看呀，他出穴的精魂正在向你目语：
请做个堂堂男子哟，不要步我后尘。

《少年维特之烦恼》译本初版问世后，一纸风行。郭沫若深为自己译成这部名著而高兴。他在《〈少年维特之烦恼〉增订本后序》中便介绍了他的这种高兴的心情，他说当时实在愉快得至少有三天是不知肉味的。但他也有痛心之处，一是书贾盗印大赚其钱而抽大烟、养小老婆，二是书印得一塌糊涂，错处太多，装潢粗俗。有鉴于此，在创造社出版部于1926年成立之后，郭沫若便决计修订译本，在装潢印刷上也尽力改进。结果，《少年维特之烦恼》在其初版四年之后又“复活”了，以崭新的面貌呈现在读者面前，郭沫若在增订本后序中激动地写道："《少年维特之烦恼》复活了！《少年维特之烦恼》复活了！歌德如有灵，或许也要和我们同呼三声万岁。"此外，他在1942年重庆群益出版社出版的《少年维特之烦恼》的《重印感言》里，便写下了这样一些话：

> 好快！
>
> 这部书的译出也就二十年了。
>
> 二十年后的今天我又重读了一遍，依然感觉着它的新鲜。
>
> 一本有价值的书，看来总是永远年青的。
>
> 人世间，比青春再可宝贵的东西实在没有，然而青春也最容易消逝。
>
> 最可宝贵的东西却不甚为人所爱惜，最易消逝的东西却在促进它的消逝。
>
> 谁能够保持得永远的青春的，便是伟大的人。
>
> 歌德，我依然感觉着他的伟大。
>
> 为使人们大家更年青些，我决心重印这部青春颂。

在20世纪50年代中期，他在青春焕发中为人民文学出版社的《少年维特之烦恼》甚至重写了《小引》，更见其对"维特"的偏爱。

才子卖书

古时有才子卖书、武士卖刀的故事，从中流露的总不免有失意潦倒的苦涩滋味。前期的郭沫若也经常“哭穷”，在作品中、书信中以及言谈中，经常可见他那淋漓尽致的“哭穷”，有时甚至让人疑心他是否有些夸张。但他有时穷到卖掉或当掉自己心爱的书，却是实有其事的。

1924年8月9日夜，郭沫若在写给好友成仿吾的信中便细述了他卖书（当书）的事。当时，他从中国带至日本的三部书——《歌德全集》《社会组织与社会革命》《新时代》，已经当掉了前两部，一本当了一张五元的老头票，另一部却只当了五角钱。为了全家人不饿肚子，他本来还想将屠格涅夫的《新时代》（即《处女地》）也当掉的，但因为是德文版不是日文版，当不出钱才留下了。不过，他想出了另一种卖法，那就是翻译出来卖。他对成仿吾说：“穷得没法了，做小说没有心绪，而且也没有时间。我只好把这剩下的这本《新时代》的德译本来移译……我假如能变换得若干钱来，拯救我可怜的妻孥，我也可以感着些清淡的安乐呢。”这里陈述的当是真实的情形。他当时虽然从医科大学毕了业，如正常行医，当有可观的收入。但他却因种种原因而弃医从文，于是只好带着全家来体会这“卖文为生”的滋味了。生活负担上十分沉重，居无定所的漂流日子，使他清楚地意识到全家的衣食住行的实际需要，在某些情形下明显重于他对书本的需要。何况，漂流中的人也不便携带沉重的书籍，即使不是急着卖书换米，也会把不利于行动或远行的书卖掉。尽管卖书的时候依依难舍，却也只好忍痛割爱了。

早在1915年1月，郭沫若就曾有过这种卖书的经历。当时日本政府以支持袁世凯复辟帝制为条件，提出了灭亡中国的“二十一条”。这激起了大陆及海外华人的普遍愤怒。留学日本的郭沫若闻讯后也是义愤填膺，觉得国家贫弱困窘到这般地步，还有何脸面在日本读书，遂一怒之下偕友连夜返回中国，表示抗议。行前，匆匆忙忙地就把自己心爱的一些书籍折卖了，以充川资。当时的他甚至还做了投笔从戎、奔赴战场的准备，且以诗明志，曰：

男儿投笔寻常事，

归作沙场一片泥。

读书重要，救亡图存似乎更重要。这是郭沫若及同时代人普遍具有的一种共识，功利性意识的强盛及相应的选择曾制约着20世纪之交的莘莘学子。郭沫若留学日本的初期，亦受实业救国、科学救国思潮的影响，一心想的是“弃文从医”，于是忍痛卖文学书籍的事也便发生了。

那是1918年初夏，郭沫若从冈山第六高等学校毕业后要进医科大学学习之前，为了确保心无旁骛，精于医学，除了将自己的一些藏书送给友人之外，直到离开冈山的前一天，手头还有《庾子山全集》和《陶渊明全集》两种未忍脱手，但这与他当时的志向有违，理智告诉他，这两部书和科学精神实在是不相投合的，应处理掉——因为手头也需钱，便想把这两部书也卖掉。他的判断是：日本人是比较尊重汉籍的，这两部书或许可以卖个好价钱。然而，当他打着雨伞、带着书冒雨到一家书店去兜售的时候，却碰了个实实在在的钉子。“我有几本中国书……”他还未说完，一个日本店员便粗暴地问：“你有几本中国书？怎么样？”当郭沫若说明来意后，这位日本书贾不屑一顾地说：“你去看看招牌罢，我不是买旧书的人！”说完就将头掉开了。郭沫若感到了羞辱，却又无可奈何，只好抱着书返回住所。但当他经过冈山图书馆的时候，却灵机一动，这儿是他读过许多书的地方，他的青年时代的一部分是埋葬在这儿的。他为何不把这两部书寄付在这儿呢？

想到这里，郭沫若立即走进了图书馆。因为下雨，馆里无人看书，他便向一个馆员交涉，说愿寄付两部书。馆员说馆长不在，明日再来交涉。他觉得应该虚应下来，只要能将书寄付在图书馆里，总比沦入书贾之手强些。于是就答应说明日再来，将书交给馆员后便离开了。回家的路上，心情感到很愉快，自己虽然没有卖成书，但心爱的书有了好的去处，也对多年读过书的图书馆表达了一份谢意。

后来，郭沫若虽然未曾再到冈山图书馆，但他仍然思念着他的庾子山、他的陶渊明，书虽不在，爱好却在，文学的书籍终于最终占领了他心灵中最重要的位置，虽然仍旧偶有卖书弃书之举，但那根深蒂固的书缘却无法终结了。

书店渔猎

读书人囊中羞涩，却又嗜书如命，遂造成了种种因书而引发的独特体验和千奇百怪的故事。据郭沫若介绍，在日本留学的时候，“书店渔猎”是留学生中间很有趣的一种习惯。下课没事的时候，便时常到书店去巡回阅览，不一定买书，只像女人游公园、孩童去游戏场一样，完全是出于一种消遣。当然遇有好书，有钱时也会高兴地买下来，无钱时便站着读完半本书或一本小些的书，也会感到挺充实。经常性的“书店渔猎”，可以收摄许多新的知识，引起种种难以忘怀的感受，“一切实际的或非实际的，有形的或无形的，旷古的或未来的，形形色色的世界展开在我们面前，使我们时而兴奋，时而达观，时而悲，时而喜，时而愤怒，时而爱慕，时而冷笑，时而自惭，时而成为科学家，时而成为哲学家，时而成为诗人，时而成为志士。——超绝时空的灵魂的冒险，情绪的交响曲”[1]。

这样的“书店渔猎”简直就是一种超乎寻常的精神享受。但有时也许会萌发窃书不算偷之类的意念，或者想方设法来自我安慰，免去那得不到心爱之书的苦恼。20世纪20年代初，郭沫若回国办刊物期间，在上海就曾有过一次这样的“书店渔猎”。

那天他坐车出外办事，忽然于途中见到了“伊文思书店”的招牌，便受到了诱惑，他想看看店中的那些西文书籍，享受一下似乎许多日子未曾享受到的那种“渔猎”的快乐。可是，当他刚进书店在一处书栏前立定，就有一位“西崽”过来问买何书，并用眼睛在他身上打量了一会儿，在走开后仍用眼睛时不时地盯着。郭沫若此时知道，自己身着陈旧的学生装、外套一件廉价的雨衣到西文书店里来，很容易引起“西崽”的怀疑。一方面他佩服“西崽”的忠于职守，另一方面他更是感到受了侮辱，并引发了某种源于不平的反抗心理。由此他还想到了远比“孔乙己们”有力得多的理由，并带着义正词严的味道：

眼前的这一些书籍不都是一些赃物吗？艺术家、

① 《沫若文集》第6卷，第396页。

> 思想家把他们的心血凝成结晶，就如像大自然把蒸气凝成雨露，把光云凝成星球，这是万汇所得共有，万汇所得分受。资本家在贫苦人的身上榨取些血汗做成了面包去，把他们换了，回头又在我们的身上来榨取面包。什么！我何尝是强盗！这是我们应该共有的！这是我们应该分受的！我们向作者致谢就够了，我们向排印的工人致谢，向装订的工人致谢就够了，我们为什么要向资本家低头，要另外把血汗钱向他们孝敬？书是写来供人读的，而资本家把它抢去藏在书橱里。路是造来供人走的，而山寨的霸王把它占去要人过路的金银。书贾们才是强盗。我们是应该偷的，我们是应该偷的，我们不是偷，是把强盗的赃物夺回公有……

鲁迅笔下的孔乙己怯生生地反问："读书人窃书能算偷吗？"那实在是传统穷落文人的口吻。到了郭沫若笔下的这个"我"，则操持着檄文般的"革命性的拿书论"。

然而，究竟受着良心的制约而将书插回书架，立在书架前的郭沫若就像一只落水鸡。在这种情形下，革命的思想并未引起革命的行动。但所受的屈辱却要设法排除，便用外文向"西崽"问了两本自己书橱里已有的两种书，一种是爱尔兰诗人叶慈的《善恶的观念》，一种是德国哲学家尼采的《这个人》。"西崽"听得吃力，回答说"没有"。于是他的心境大为转换，体味到了“精神胜利”的快乐，“你们的书店在我看来仍然是破纸篓呢！我好像凯旋将军一样雄赳赳地推开了大门出去”。

“窃书”记

郭沫若在1924年9月18日夜写成一篇短篇小说，名为《万引》。这“万引”（mambiki）是日语中对“小偷”的称呼。小说写的“小偷”是松野，“万引”的对象是书。故可将该小说易名为《“窃书”记》。

前期郭沫若所写的小说中有一类以诉述贫困、痛陈穷愁为特色，这类作品通常都带有鲜明的自传色彩，如《漂流三部曲》《行路难》等，其小说中的主人公通常叫“爱牟”（英语“我”——I的音译）。然而这篇《万引》中的主人公却叫松野，虽然写的仍是读书文人的穷苦潦倒，一些细节也可以看出“爱牟”的影子，但却不好据此便说“松野”就是“爱牟”，甚至就是郭沫若本人。只是从心理体验的意义上讲，郭沫若年轻时于书店“立读”（亦叫“书店渔猎”）

的某种感受肯定融入了小说，其间的心理真实加之适当的浪漫想象，都是郭沫若式的。或者径直说，他在小说中真切地体会了一次“万引”的滋味。

然而，“松野”不是孔乙己式的窃书贼，他要高雅得多：为的是将名剧来作自己创作的“模范”。松野在听友人介绍*Chatterton*一剧的梗概之后，非常想读到这部悲剧作品，急切地要为自己写杜甫之死（吃牛肉胀死）的悲剧寻求借鉴。他到图书馆去寻，没有找见，接下来便到一家大书店去寻，结果寻见了。并由此引出了一段“窃书”的故事。

松野进了书店，登至二楼，满眼都是书架书摊，遂被深深地吸引住了。他立在书架前，如像游魂一样，飞到这本书的序文上去涉猎一两行，又飞到那本书的结尾上去拣读两三句。好书太多，惜乎囊中羞涩，只好一本本地又放回原处。突然，他取出的一本小册子的书名跳入了他的眼帘：*Chatterton*！正是他要寻找的那个名剧。他激动得有点发颤，赶紧去看书后的定价，六角钱。价钱不贵。然而他身上却只有两张一角钱的纸票。这两张纸票是他出门时他夫人给他的车费和面钱，他舍不得花，却只是这本小册子价格的三分之一。买不起，只好准备像往常那样“厚着脸皮立读”。但他发现书页没有切割分开，立读也办不到了。啊，狡猾的书贾！这种不加切割的新装订，原来是为了预防穷文人来立读的。松野心里这样想着，愤恨而又无奈地将书放回了原处。接下来又翻看了几本闲书，下意识地又将*Chatterton*拿到了手里，一个念头闪现于脑际："诗人Chatterton不是偷了商人的贤淑的妻室吗？啊，是的。一切的商品都是赃物，我们是可以夺取的。"他左右看看，心脏加速跳了起来，痉挛的手把书紧紧地按在胸前，慢慢走到另一个书架前，这儿四顾无人，便大胆地将书揣进怀里去了！心脏一阵更剧烈的跳动。竭力镇静了一会儿便走下楼去。楼梯好像地震了一样，被楼下读书的仕女看了一眼，也吃了一惊。他匆匆出了店门，感到无人追来，才松了一口气。但他心里却出现了一番激烈的搏斗，一会儿想："我这做的是什么事情呢？我是受过高等教育的人，我怎么能做出这样下贱的事！我矜持了半生的道义不是完全破产了吗？"一会儿又想："我这不是革命的行为吗？我夺回的是天下的公物，是19世纪的一位法国诗人作的一部悲剧，诗人作剧是供我们读，总不是供后代的商人来榨取我们的罢。我怕什么？我有什么畏缩的必要呢？"

松野怀着矛盾的心情回到了家中，在回家的路上他原本想好要骗一下妻子，说这本小册子是一位中国留学生送他的。但当他的妻子问起书的来历时，他却怎么也说不出骗她的话来，只得嗫嚅着说："从书店里拿来的。"他的妻子惊愕地睁大了眼睛："啊！你是做了万引来的吗？"接下来是一连串的责备埋怨，他初始不敢吱声，羞愧难当，但被埋怨多了，反而狠狠地回答："我就做了不名誉的事情也损不到你的体面！”连饭也不吃就去读*Chatterton*，但在这种情境之中，他怎能读得进去呢？在伤心中胡思乱想，时而埋怨妻子，时而埋怨社会，时而埋怨自己……后来，还是他的妻子过来给他先赔了不是，说她刚才的话过分了，叫他不要介意，又把手上的戒指脱下来向他说："这个戒指是你给我的，我无论怎么困难，还不曾拿它去进过当铺。今天没法子，只好请你把它当了，交给书店六角钱，这样，我们彼此才会觉得心里好过些。"

松野听着他妻子的这番话，眼泪涌了出来。他昏蒙的脑子忽然清醒了，拿起书站起身来，对妻子说："书不必看了，放回书店去。模仿他人的文章也就和偷这本书是一样，我要自出心裁来画我心中的杜甫……杜甫感着肉体上的饥饿贪吃牛肉，就和我感着精神上的饥饿贪读书籍一样，杜甫被牛肉胀死了，我却和但丁一样，有爱人救助！谢谢你哩！”说完，松野便匆匆走出家门，到书店去大大方方地把书放回到了原来的书架上。

以上便是郭沫若小说《万引》的故事梗概，倘若读过了前一篇《书店渔猎》，再来看《万引》这篇小说，便大抵会区分出哪些是心理真实，哪些是虚构想象了，相应地，从松野身上也可以辨出几分郭沫若的声腔口吻来了。

就像耕者有其田一样，文人有其书，买得起书是起码的要求，郭沫若的《万引》即为穷苦的读书人做了一次沉痛的呼吁。

“理解不足，只好精读”

1923年11月，郭沫若应一些朋友的建议，写了《雅言与自力——告读〈查拉图司屈拉〉的友人》一文，文中写道：“书有宜于精读的，有宜于浏览的。《查拉图司屈拉》便是前的一种。”而要精读尼采的《查拉图司屈拉》（现通译为《查拉图斯特拉如是说》），对国内读者来说，自然需要好的翻译文本。郭沫若在1923年5月1日所写的《〈查拉图司屈拉之狮子吼〉译者识》中说：“尼采的思想前几年早已影响模糊地宣传于国内，但是他的著作尚不曾有过一部整个的翻译。便是这部最有名的《查拉图司屈拉》，虽然早有人登了几年的广告要移译他，但至今还不见有译书出来。”正是有鉴于此，郭沫若便立即着手翻译，每次译一两段在《创造周报》上发表。在郭译之前，王国维、沈雁冰、鲁迅等人都有译尼采或评介尼采的文字，但均不够完整。尤其是没有尼采的完整译本，使国人对关于尼采的评论言说也缺少必要的印证。

在这个意义上，郭沫若译尼采之作品是有现实意义的。他希望有高水平的读者，在读了他的译本后能受到刺激去直接阅读原文著作，“犹如见了一幅西湖的照片生出直接去游览西湖的欲望”。他还恳切地劝告读者，读尼采的书要不怕难，尼采的书确实深奥难懂，犹如“连峰簇拥的险途”，读者要不怕这些险峻的山峰，寻出路径，自己跋涉，只需循序渐进、坚忍耐劳，便可以踏破险途，最终从尼采思想中汲取有益的启示。

尼采是个思想卓绝怪异的大思想家，无论卓绝处还是怪异处，都被世人关注着。他的思想精义主要为：一是力主价值重估，宣称“上帝已死”，对基督教及所有神学和僵化传统造成了巨大冲击；二是权力意志论及相应的超人哲学，在竭力张扬个性伟力的同时却引入了社会达尔文主义，在藐视上帝及传统威权的同时，却有意无意间把“强者”当作了新的偶像，这就易于为目的不同的人各取所需地发挥、利用。“五四”时期的郭沫若出于更新自我、改造现实的强烈的愿望，对尼采学说中重个性、疑传统及崇天才的诸多观点产生了共鸣，这是他译介尼采的动机——他要将这一打动了自己的学说介绍给更多的中国人。于是，他兴致盎然地投身翻译，尽管尼采的《查拉图司屈拉》深邃而又有些晦涩，但其诗味的透入反而帮助了本是诗人的郭沫若，使他能够接近带有诗人气质的尼采，就像著名的文学评论家勃兰兑斯接近尼采那样。郭沫若不仅以诗人的直觉去把握尼采学说，而且还带着本民族文化中的某种先在的观念去理解尼采学说，使他体味到中西文化自有的相通之处。他在《论中德文化书》中即指出："……老子与尼采相同之处，是他们两人同是反抗有神论的，同是反抗藩篱个性的既成道德，同是以个人为本位而力求积极发展。他们两人的缺点也相同，是为己多而为人少。"这种认识在他给宗白华的信中也有详细的表达。

正是由于郭沫若"精读"了尼采的《查拉图司屈拉》，并认识到了其特有的思想价值，才会以很大的热情从事该书的翻译。他"起初每礼拜译一篇，译得相当有趣"。每译一篇，便在《创造周报》上发表一篇，半年后便译完了该书的第一部以及第二部的一小部分。第一部共22节，后曾结集由上海创造社出版部出版，书名为《查拉图司屈拉钞》。第二部仅译了一小部分便没有译下去，原因一直未明。到了1937年郭沫若写《创造十年续篇》才作了这样的解释：

> 我在《周报》上译《如是说》，起初每礼拜译一篇，译的相当有趣，而反响却是寂寥。偶尔在朋友间扣问，都说难懂。因此，便把译的勇气渐渐失掉了。早晓

得还有良才夫人那样表着同情的人，我真是不应该把那项工作中止了。

反响之“寂寥”对郭沫若的翻译热情显然产生了很大的影响，当他主动询问朋友并得到“难懂”的回答时，亦可以想见他的尴尬。所以郭沫若中止了《查拉图司屈拉》的翻译，这也表明了他的“读者意识”的强烈。当然，中止此项翻译也有良才夫人揣测的“思想变了”的原因。1958年11月21日，郭沫若为《雅言与自力》写的“附记”，便明确说明了这点：

> 《查拉图司屈拉》结果没有译下去，我事实上是“拒绝”了它。中国革命运动逐步高涨，把我向上看的眼睛拉到向下看，使我和尼采发生了很大的距离。鲁迅曾译此书的序言而没有译出全书，恐怕也是出于同一理由。

耐人寻味的是，曾被中国人普遍“拒绝”的尼采在20世纪80年代又“卷土重来”，并受到了更多的中国读者的欢迎，其中能够“精读”尼采的人也多了起来。此时，记取郭沫若于《雅言与自力》一文中的告诫应是有益的——

读一切深邃的书都应该如是：

第一，要用自己的能力去理解；

第二，要用自己的能力去批评。

书犹药也

郭沫若1937年在《创造十年续篇》中曾回忆说，1924年6月，自己“在箱崎海岸上还替泰东书局尽过一次义务，是替《王阳明全集》作了一篇长序”。

这篇长序，就是1924年6月17日郭沫若写毕的《伟大的精神生活者王阳明》。这篇文章最初刊登在1925年1月上海泰东书局出版的《阳明全书》卷首。1925年12月，又收入上海光华书局出版的郭沫若《文艺论集》初版本之中。以后，《文艺论集》多次改版，这篇长序曾先后改题为《儒教精神之复活者王阳明》和《王阳明礼赞》。值得注意的不仅是对王阳明的精神人格的格外推崇，而且还有对“精神文明”与“物质文明”相互作用的格外强调。在该长序正文之后，还附有四篇小论文，其“附论一”，论题即为《精神文明与物质文明》。该文不仅大胆宣称自己对马克思和列宁“人格之高洁”的敬佩和对社会主义的信仰，而且着意强调了“对于精神方面力求全面发展，对于物质方面力求富庶”的文化精神，并切实地指出，我国“物质的生产力尚未丰富”，“不得不仰救于西方的科学文明”，“我们所应当提防的地方，是要善于利用科学文明而不受资本主义的毒害”。这话至今听来，仍不失为有益的忠告。

在《王阳明礼赞》一文中，郭沫若叙述了他在日本学医时的情况，其中言及由于国事堪忧、学业沉重，以致忧劳成疾，神经衰弱，记忆力几乎丧失，悲观至极而想自杀或出家当和尚，幸而是王阳明拯救了他。一日，颓唐的沫若踱进东京街头的一家旧书店，偶然起意买下了一部《王文成公全书》，从中初步领略了王阳明的思想，对王氏讲究“静坐”功夫也产生了兴趣，受此启发，又购相关的讲静坐方法的书来读，循法静坐，每天不少于半小时，并坚持每天翻阅《王文成公全书》10页，不到两周时间，郭沫若的病况便大为好转，这使他更加喜爱上了王阳明及其著作，他找到了一种对他当时来说是“特效”的药。

这种深缘使郭沫若非常感念王阳明的书，所以当泰东书局要出版《阳明全书》时，郭氏乐意尽自己的义务，为其写下了《阳明全书》的长序。

读译《处女地》

1921年4月初，郭沫若在从日本回国的船上，第一次读了屠格涅夫的长篇小说《处女地》。当时他读的是德文本，书名为*Die Neue Genenation*，他译为《新时代》或《新的一代》。

与郭沫若同船回国的成仿吾，怀着同样的文学梦，毅然抛却在日本的学业，和郭沫若一起，想在上海滩上建起一座文学的丰碑。他随身带了好几本德文书，其中有两本屠格涅夫的小说，以便在两天两夜的航海途中阅读。他和郭沫若同宿在条件艰苦的三等舱的一角，风浪很大，郭沫若不敢随便起身，怕晕船呕吐，而成仿吾却不怕晕船，还时常起来到头等舱去照料他朋友的家眷。这样，孤独地躺在那里的郭沫若便顺手拿起了屠格涅夫的《处女地》读了起来。谁知读了不久，便深深地被吸引住了。这是一部很好的小说，他想。于是，几乎是废寝忘食地读下去，船到了上海，他也将这部长篇小说细细地读完了。

他喜欢这部小说。但这书是成仿吾的，看完后便归还了。后来，郭沫若便拼命一般地去办《创造季刊》，写稿、编稿、印校、发行等一大堆事情缠住了他，他不能悠闲地再去仔细捧读《处女地》了。但他没有忘记这本小说，因为它已经深深地印在他心中了。加之成仿吾有时在看它，还提起一些话题与郭沫若讨论，这就更加深了他对这部小说的印象。当时郭沫若与成仿吾有一种感同身受的共识，即对《处女地》的主人公涅暑大诺夫都感到相当亲切，仿佛有着同样的命运：都嗜好文学，又都轻视文学；都想亲近民众，又都有些高蹈的精神；都感到倦怠不满，但也都缺乏投入社会实践的勇气——都有些像“哈姆莱特”。

郭沫若说：“我爱读《新的一代》这书，便是因为这个缘故。”[①]也正是由于爱读，后来，当郭沫若与成仿吾分别的时候，还专门向成仿吾提出请求，把《处女地》一书给他，以便做“永远的纪念”。

1924年7月初，郭沫若有暇重读《处女地》，兴味依然很浓，甚至起了翻译此书的念头。于是敢想敢干的郭沫若

---

① 《孤鸿——致成仿吾的一封信》。

便马上投入到译事中去，花了四五十天的工夫，译成了题为《新时代》的长篇小说，1925年6月由上海商务印书馆出版，署译者名为“郭鼎堂”，扉页题“这本译书献给我的朋友仿吾”。关于本书的翻译，译者在“解题”中有所说明：以德文本为底本，译成后又曾以英译本参证，德译有不妥处即依英译作了改正；尽可能对书中重要的典实和疑难处给予了注释，这些译注对读者理解此书会有所帮助；译事尽了心力，自己所不满意的是“重译”，希望在数年之内能有直读俄文本的机会；本书的出版得到了高梦旦、郑心南、何公敢等人的帮助，在此表示感谢，等等。

除了这些“说明”之外，郭沫若还于1925年4月6日写了《〈新时代〉序》，在介绍自己与《处女地》结缘的过程之后，重点评介了该书所体现出来的“社会革命的思潮”。

从郭沫若的评介以及《〈新时代〉序》最后一句中，可以看出当时郭沫若思想上的变化，这句话就是：“我译成了这部书后，把我心中的‘涅暑大诺夫’枪毙了。”这表明，此时郭沫若已经从文人式的或“哈姆莱特”的犹疑中摆脱了出来，坚定了革命的信念。

移译《社会组织与社会革命》

郭沫若与马克思主义学说的结缘，起自五四新文化运动，那时马克思主义的传播已在郭沫若诗集《女神》中投下了星星点点的光影。此后渐有发展，到了1924年春夏之交，他对马克思主义学说已可以用“热爱”这个词来形容了。应该说，在此时他选择翻译日本著名马克思主义学者河上肇的《社会组织与社会革命》，便是他这种“热爱”促使的结果，并通过翻译，强化了这种“热爱”。而这种“热爱”既含有某种感情的因素，更含有一种理性的自觉。没有相当的认识上的积累，他不会选译此书；在翻译此书过程中的译读、思考，无疑也会反过来促进他对马克思主义认识水平的提高。他曾在《留声机器的回音》一文中说：“思想是生活的指路碑。文艺家哟，请彻底翻读一两本社会科学的书籍吧。”（当时多用“社会科学”代指尚须避讳的马克思主义）这其实亦是郭沫若自己的经验之谈。

郭沫若接受马克思主义学说主要是通过对日本学者的有关著译的阅读来进行的。他在日留学期间曾接触与阅读过福井准造的《近世社会主义》、河上肇主持的《社会问题研究》杂志等宣传科学社会主义的著作和刊物。这次选译河上肇的理论巨著《社会组织与社会革命》，郭沫若也正待在日本。他在1924年4月18日寄给成仿吾的信中写道：“半月以来只在译读河上肇的《社会组织与社会革命》，怕还要三个礼拜才能完工。”结果花了五十多天的时间才译完。这么多天沉浸在河上肇的思想境界中，势必引发他的许多思索，从而对清理、转变自己的思想起到了重要的作用。在1924年8月9日给成仿吾的信中便说明了这次译读之后的积极效应，“我译完此书所得的教益殊觉不鲜！我从前只是茫然地对于个人资本主义怀着憎恨，对于社会革命怀着信心，如今更得着理性的背光，而不是一味的感情作用了。……我现在对于文艺的见解也全盘变了。……今日的文艺是我们现在走到革命途上的文艺，是我们被压迫者的呼号，是生命穷促的喊叫，是斗志的咒文，是革命预期的欢喜”。郭沫若又说道：“以前没有统一的思想，于今我觉得有所集中。以前矛盾而不能解决的问题，于今我觉得寻得了关键。”

正是由于译读及其引发的思考解决了长期困扰其心的

“思想问题”，郭沫若此后的人生道路也受到了相应的影响。他抛弃了研究生理学的志愿，最终割断了对医学的那缕“情丝”，决心今后“一方面仍旧继续着自己的学艺生活，而在另一方面从事实际活动”[①]。

值得提及的是，郭沫若在1928年开始的避难岁月里，又曾集中地读过一批马列主义著作，这些著作有中、日、英、德等不同译本，如改造社出版的《资本论》和《马克思恩格斯全集》，希望阁出版的《马克思主义与哲学》，白杨社出版的《马克思论文集》，弘文堂出版的《原文对译唯物辩证法》，苏联出版的《唯物主义与经验批判主义》等，他还移译了马克思的《政治经济学批判》和《德意志意识形态》，更进一步在译读中深化了对马克思主义学说的理解。这不仅对他当时致力于建立中国马克思主义史学有重大的指导作用，而且对他后来在抗战中的政文并辉的人生亦有积极作用。

① 《沫若文集》第6卷，第185页。

赠书安娜

1928年2月1日，郭沫若多年来倾注了许多心血的译著《浮士德》第一部问世。夫人安娜买来了全家最爱吃的日本食品——寿司为之庆贺。老友成仿吾登门表示祝贺，内山完造先生特意送来了两瓶葡萄酒表示祝贺，孩子们也像过节一样地满心欢喜……然而郭沫若内心里却记挂着要向夫人安娜表示他由衷的感谢和爱恋。

用什么来表示这份情浓意深的感谢和爱恋呢？他想起了中国的一句老话："秀才人情一本书。"于是便激动地从一摞装帧精美的《浮士德》中，遴选了一本整洁的，掀开封面，在扉页上认真地写道：

Anna：

此书费了十年的光阴才译成了。

这是我们十年来生活的纪念。

M.K 3Feb.1928

然后，又掀开扉页，在第二页上用德语写道：

Gewidmer Meiner Ewiglic-her Liebe Anna　意即“献给我永远的恋人安娜”。

是的，对于郭沫若来说，安娜是他心灵深处永难遗忘的恋人，尽管他的生活中可以出现另外的女人，但却无法将安娜从他那深广的心灵世界中逐出。因为安娜是他心目中的“女神”，其他的女人自有其美好之处，但却再难成为他心目中的“女神”。郭沫若信仰着歌德的“永恒之女性，领导我们走”。于是，他将这部倾注了多年心血的歌德代表作的中文版郑重地题赠给安娜。在这时，自然也唤起了他对爱情与十年来辛苦生活的回忆。

在日本留学的初期，郭沫若曾因个人的郁积和民族的郁积，陷入极其颓唐的情绪中。而这时，他的一位挚友又病逝于医院，这也给他那屡生自杀之念的心灵又投上了一抹死亡的阴影。他的这种极度悲哀、苦闷的神情被一位当时在场的女护士注意到了，她便以柔美的声音劝他节哀，保重自己的生命，还以基督教的教义开导他。这在特定情境中来自美好女性的温馨话语，就像暖流一样，注入了郭沫若的身心。他看到，眼前站立的是一位如此善解人意的娟美而心善的日本女郎，他感到了从未有过的灵魂的震颤。郭沫若后来追忆，初见安娜（即佐藤富子，“安娜”是他为她起的名字）时，感到“她眉目之间，有一种不可思议的洁光”，令人“肃然起敬”。天使降临了，不知不觉之间，爱情翩然而至，这使郭沫若的生命之泉汩汩地向外喷涌了。他在给安娜的第一封信中便这样写道：“……我在医院大门口看见您的时候，我立刻产生了就好像是看到圣母玛丽亚那样的心情，您的脸上放出佛光，您的眼睛会说话，您的口像樱桃一样。您到现在一定救助过无数的病人，我爱上了您。”很快，得到回应的爱情迅速地趋向高潮，并将他们纠结在一起，他们同居了。当然，这次爱情的意义绝不仅仅是两个人灵肉结合的世俗幸福，更重要的是给郭沫若这位文化“潜巨人”带来了再生的欢悦、创造的冲动与强烈的诗情与灵感，开启了他诗人之脑的枢机。于是，爱神伴随着艺术女神顺沿着诗人的笔尖来到人间，化为读之令人怦然心动的爱情诗篇。郭沫若曾坦率地说：“把我从这疯狂的一步救转了的，或者怕要算是我和安娜的恋爱吧？……因为在民国五年的夏秋之交有和她的恋爱发生，我的作诗的欲望才认真地发生了出来。《女神》中所收的《新月与白云》《死的诱惑》《别离》《维奴司》，都是先先后后为她而作的。《辛夷集》的序也是民五的圣诞节我用英文写来献给她的一篇散文诗，后来把它改成了那样的序的形式。”[①]郭沫若走向诗歌——现代白话新诗，又由此走向文学与更其广阔的文化天地，溯其源，最直接的推动力其实主要是郭沫若与安娜的爱情。

从1916年底，郭沫若与安娜便开始了相濡以沫的同居生活。由于爱情的力量，安娜乐于将自己的一切奉献给她心爱的“哥哥”，很快她便显示出了贤妻良母型东方女性的种种美质：勤劳、节俭、贤良、温柔、慈爱而又坚强等。为了郭沫若，她宁可牺牲自己的家庭、宗教信仰以及职业等，她成了操劳不息、善解人意的家庭妇女。她不仅以爱心复活了郭沫若的“诗心”，而且给郭沫若在事业上的成功提供了最大限度的支持。没有她的关爱、照料、理解和支持，郭沫若能否在“五四”时期就取得那样突出的成就，恐怕确实是个未知数。郭沫若不断地追求着，为了他心目中的事业，文学的、革命的事业，时常外出不在家中，照顾孩子成了安娜独力承担的责任。当他在文坛上崛起、在政治上攀升的时候，安娜是其最忠实的伴侣。想当初郭沫若劝安娜辞职下岗与他同居，最大的许诺是支持安娜上医校读书，寻求更好的

① 《我的作诗的经过》。

发展。如今安娜却成了甘愿付出一切的母亲和妻子。念及安娜所做的一切，郭沫若怎能无动于衷？他曾经感动于安娜的“洁光”和圣母的品性，想写一部长篇《洁光》；他曾不止一次地在心中呼唤着安娜的名字，称她为自己的永远的恋人，但也时或倾倒于其他美好女性，虽为短暂的插曲，却因此而对安娜深藏着一种愧意。正是基于远比感谢更为复杂的心理，郭沫若郑重地赠书安娜，并写上了“此书费了十年的光阴才译成了，这是我们十年来生活的纪念”和“献给我永远的恋人安娜”之类的话语。

离沪之前

大革命失败后，曾参与南昌起义的郭沫若，辗转回到了上海，个中情形确实有些仓皇。但他很快回复他的书生本色，决计从读书中讨生活。于是，在他离开上海往日本之前的数月内，勤于读书成了他排解郁闷、改换心境的一种主要生活方式。

他刚到上海不久，便到内山书店去拜会内山完造先生，说了一会儿话后，便去书架上挑书翻书，除了挑选的两本书要买下，他还站着翻读了《西洋社会运动史》等书。此后就常待在家中专心读书，但不幸在1927年12月12日患病住院，害的是斑疹伤寒，差一点病死。住院期间稍感好受些便看书写诗，待出院后，更是耽于读书。这在他1928年1月15日至2月23日的日记里即有一些忠实的记载。以下摘录一些：

正月十五，“人很疲倦，午后把《恢复》校读了一回……晚与和、博、佛在灯下看*Kodomo no Kagaku*[①]。”正月十六，“午前读安德列夫的《黑面具》……读德哈林《康德的辩证法》，未及十页。”“安娜买回高畠的《资本论》二册，读《商品与价值》一章终。……午后倦甚，看了些芭蕉《七部集》……夜读列宁《党对于宗教的态度》……跳读《文化批判》，夜就寝时得诗一首。”正月十七，“读唯物史观公式（以下译文从略——引注）。”正月十八，“杂读《资本论》。”正月十九，“民治去后仍然倦怠，读托勒尔的*Mass Mensch*[②]……临睡前读斯大林的《中国革命的现阶段》，已经十二点过了，右眼涩得难耐。”正月二十一，“午前读秋白译的哥列夫的《无产阶级的哲学》中《艺术与唯物史观》一章。……东鳞西爪地看了些旧杂志和各种书籍，但总得不到满足。”正月二十二，“上午读独步的《号外》《春之鸟》《穷死》三篇，确有诗才。……读芥川（龙之介）的《沼》与《秋》……”正月二十三，“午后仿吾来，时正昼寝。有朱某者译《漪溟湖》，完全脱胎自《茵梦湖》，还在序文中吹毛求疵地任意指摘，嘲骂。这种人太没道德，出版家的无聊也可慨叹。”正月二十六，“读《资本论》。……安娜偕儿辈归，买回《哲学的贫困》《小孩科

① 《小孩之科学》。
② 《人民大众》。

学》及其他。”“夜同儿辈读《小孩科学》。……”正月二十七，“读《资本论》[①]，拟于今日将第一卷读完，终未办到，然所余已无几。”正月二十九，“终日烦闷，午后读完《资本论》第一卷。……”正月三十，“回家后同仿吾赴创造社，见《贡献》《语丝》诸杂志，反动空气弥漫，令人难耐。”二月二日，“晚赴内山，赠以《浮士德》一册，安娜同行。……安娜归时买得《改造》二月号一卷，有意大利的小说家G·德列达的一篇小说《狐》。……罗伯特·修士作《华盛顿传》，称华盛顿为一流氓无赖，牛皮大王，赌博大王，好色大王。这或者近于事实……”二月四日，“下午跳读了些《中国文学研究》……”二月七日，“读托尔斯泰的《黑暗之力》第一幕。”二月九日，“读高尔基的《夜店》，觉得并不怎样杰出，经验丰富，说话的资料是源源而来的。……《黑暗之力》读完了，也没有怎么大的逼人的力。……”二月十二日，“午后往出版部，读了彭康的《评人生观之论战》，甚精彩，这是早就应该有的文章。……读了巴比塞的《告反军国主义的青年》。”二月十五，“读日本杂志《新潮》2月号……回读正月号，有藤森成吉的《铃之感谢》……”二月十六，“无为，读德哈林的《康德的辩证法》。”二月十七，“午后往出版部，杂读了一些书籍，

① 《资本之堆积过程》。

无甚铭感。”二月二十，“写《留声机器的回音》。往出版部取来《文艺论集》《玛丽玛丽》等书作参考。”二月二十二，“读了一篇徐祖正的《拜伦的精神》……”

从以上的摘录可以看出，在离沪之前的一段时间里，郭沫若的读书热情相当高涨，涉读的领域也相当广泛。他在日记中记下的只是他实际读书生活的一些片段而已，但他频频与书本亲近的情景已浮于世人眼前。

书生本色

在“四一二”事件发生之前的十三天，即1927年3月31日，郭沫若躲在第二十军党代表朱德的家中，奋笔疾书，写了讨蒋檄文《请看今日之蒋介石》，这便站到了蒋介石的对立面。接下来，郭沫若鉴于宁汉合流的残酷现实，又站到了汪精卫的对立面。于是去参加南昌起义，不幸起义归于失败。就在蒋介石意欲逮捕他并公开发布了通缉令的危险形势下，郭沫若实际已经开始了他的避难生涯。在避难于上海的一段时间里，他曾染上了斑疹伤寒，住进了一家日本医师开的医院，治了一个月才出院，后来便在家中休养，躺在病床上仍时常忍不住要读书、写文章。这时他读了一些马列主义方面的书，进一步强化了他对共产主义学说的信仰。由于风声越来越紧，周恩来等党的领导人便安排郭沫若到日本避难，上路前的一天晚上，为了逃避搜捕，郭沫若还住进了一家日本人开的旅馆。

次日，郭沫若登上了日本邮船“卢山丸”，从此开始了他长达十年的海外避难的生涯。

避难初始不久，郭沫若便回复了书生本色。到日本后首先找到的日本文人便是内山完造先生曾介绍认识的日本大众文学作家村松梢风，由于他的热情帮助，郭沫若全家搬到了千叶县市川居住。生活稍一安定，他的读书欲望便强烈起来。以后数月，通过各种途径去借书买书，为读书、写书做多方面的准备。他开始广泛涉读文艺论著以及哲学、经济、历史等方面的书，尤其是中国古代文化典籍，引起了他浓厚的阅读和研究的兴趣，他试图运用辩证唯物论来研究中国传统文化及其历史，并与现实思考紧密结合起来，从而达到古为今用的目的。

大约在1928年七、八月之交，郭沫若在东京的一家书店“渔猎”时，花了六个铜板买了一部日本版的《易经》，深入研读的结果是从中发现了“刚柔相推而生变化”的宇宙发展观及其中蕴含的唯物论及辩证法的思想，并联系当时的社会状况进行深入分析，仅用了六天时间，便写成了论文《周易的时代背景与精神生活》（后改题为《〈周易〉时代的社会生活》）。文章剥开了《周易》素来被人蒙上的神秘色彩，从其语言符号的探析中窥见周代“社会生活的状况和一切精神生产的模型”，证明当时“是由牧畜转化到农业的时候，牧畜还是生活的基调”，整个社会正处在“由原始公社变成奴隶制”的转型阶段。郭沫若彼时的研究成果未必十分可靠，但他努力将自己习得的现代科学方法引入对古代典籍的研究，却是一种学者意识的自觉。从这个角度来看郭沫若这次于避难中的学术尝试，便会感到这次“二六”（六个铜板，六天读写）式的投入，诚是低成本、高效益。此文后来收入《中国古代社会研究》一书，成为其中的第一篇。而《中国古代社会研究》也成了他避难十年中推出的第一部学术论著。

随着研究古代历史和文化的深入，郭沫若愈益感到材料，尤其是第一手材料的重要性。他认为所据的材料不可靠，即使掌握了唯物史观，也很难得出科学的结论。基于这样的认识，郭沫若开始向图书馆、书店“进军”。他到上野图书馆去寻书，幸运地查到了《殷虚书契前编》，当即借阅了；他前往一家专卖中国古书的书店——文求堂，去向店主人田中庆太郎请求帮助；又得朋友相助，与东洋文库主任石田干之助联系，获得了阅览的权利。由于经济紧张，郭沫若买书不多，却勤于跑路，几乎每天都要从市川住地前往东京的东洋文库，阅读库藏的书籍，尤其是有关甲骨文和金文方面的著作。经过“昼夜兼勤的研究，昼夜兼勤的写作”，郭沫若取得了丰硕的研究成果，他后来在回忆录中曾记下了当时勤奋读书的情形：

> 我跑东洋文库，顶勤快的就只有开始的一两个月。就在这一两个月之内，我读完了库中所藏的一切甲骨文字和金文的著作，也读完了王国维的《观堂集林》。我对于中国古代的认识算得到了一个比较可以自信的把握了。在这些书籍之外，我连带的还读到其他的东西，我读过安德生的在甘肃、河南等地的彩陶遗迹的报告，也读到北平地质研究所的关于北京人的报告。凡是关于中国境内的考古学上的发现记载，我差不多都读了。
>
> ……

如此勤奋的阅读，加之国内一些朋友的惠寄资料，郭沫若的研究顺利进行着。尽管由于生活需要等原因，郭沫若也写了一些文学性的东西，译了一些外国的著作，但这些穿插都没有造成研究工作的中断，避难期间的郭沫若写出了15册关于历史及文化方面的论著，平均一年一册半。这15册书是：

《中国古代社会研究》（一册，1930年上海联合书店出版）

《甲骨文字研究》（二册，1931年上海大东书局出版）

《殷周青铜器铭文研究》（二册，1931年上海大东书局出版）

《汤盘孔鼎之扬搉臣辰盉铭考释》（一册，1931年北平燕京大学出版）

《两周金文辞大系》（一册，1932年日本文求堂出版）

《金文丛考》（四册，1932年日本文求堂出版）

《金文余释之余》（一册，1932年日本文求堂出版）

《卜辞通纂》（四册，1933年日本文求堂出版）

《古代铭刻汇考四种》（三册，1933年日本文求堂出版）

《古代铭刻汇考续篇》（一册，1934年日本文求堂出版）

《两周金文辞大系图录》（五册，1935年日本文求堂出版）

《两周金文辞大系考释》（三册，1935年日本文求堂出版）

《先秦天道观之进展》（一册，1936年上海商务印书馆出版）

《殷契粹编》（五册，1937年日本文求堂出版）

《石鼓文研究》（一册，1939年长沙商务印书馆出版）等。

郭沫若对中国古代历史、文化的研究所取得的这些成果，奠定了他在学术史上的重要地位。周恩来曾在《我要说的话》中强调指出，郭沫若在避难的“十年内，他的著译之富，人所难及。他精研古代社会，甲骨文字，殷周青铜器铭文，两周金文以及古代铭刻等等，用科学的方法，发现了古代许多真实”。应该承认，周恩来的这些评说是很中肯的。尽管郭沫若的研究成果并不是完美无缺的，但其总体的学术成就确非寻常，非一般学者所能望其项背。时闻有人攻击郭氏的学术研究，但有不少确乎出于成见，抑或人云亦云。

“嗟我小斋中”

郭沫若作为一位学者，一生都与书斋有着非常密切的关系。书斋，成了他读书生活中不可或缺的一部分。他记忆中，在流亡日本十年里，尤其是被拘捕而得释放后所迁的新居，最难令他忘怀。因为这里有他深感惬意的一间书房，而它又与一个和谐的家融合在一起。

郭沫若避难到日本不久即遭拘捕，三天后才被释放，受到了种种侮辱且不说，仿佛一经拘捕就成了真正的坏人，除了继续受到刑士、宪兵的监视之外，还有那些来自周围日本人的歧视、戒备的眼光，这使郭沫若和夫人安娜都无法忍受。于是他们迫切地想从寄居之处搬到一个僻静的地方去住。经过一番张罗，就在市川真间山的山脚下租到了一套房子，新造不久，有书房、正室、侧室、厨房和浴室等，环境幽静美丽，而房租也相当便宜。郭沫若一家人都对这个僻静的居处感到满意。直到多年之后，郭沫若仍对这个住处及周边的环境有很清晰的记忆：它背靠着真间山，坐北向南。屋前有一条甬道，东西横贯。……大门倒是向田野开放着的。大门内有一片园地，还有空地，似在等待着居住的人把它辟成花园或者菜圃。这园地在房屋的东头，可接受全面的阳光，小小的书斋便面临着这片园地。书斋在东面、南面各开一窗，窗外有回栏可供凭眺。整个书斋堪称是小巧玲珑，面积只有四席半——即使再小，读书人能有自己的一间屋，一间可以静心读书写作乃至适当休息的书斋，足以称得上是一体最惬意的事情。伍尔芙曾振聋发聩地喊出要有“自己的一间屋”，这其实也道出了所有读书人的心声。流亡中的郭沫若有了这个小小的书斋，便相当于拥有了自己精神的园地。就是在这里，他真正开始了他一生中最为专注的学术研究生涯，在此写出了他一生中第一批重量级的学术著作，包括《中国古代社会研究》《甲骨文字研究》和《殷周青铜器铭文研究》等。

郭沫若对这丰收的园地有着特别亲切的感情，他会动情地说一声：

“我特别喜欢这书斋！”

他在这书斋中经常浮想联翩或奋笔疾书，精神的遨游和勤奋的笔耕，使他体会到了生命的崇高与充实。在这小小的书斋里，他度过了许多难以成眠的夜晚，时常思绪纷飞，从书本联想到自己曾经参与的诸多事件，笔下的历史烟云和人世的风雷激荡有了奇妙的融汇；在这小小的书斋，他也体味到读书治学的辛苦，心血的支出大约是世间劳苦中极为突出的一种——他曾带病写稿，“昼夜兼勤的研究，昼夜兼勤的写，不幸着了寒，便发了高烧。文字愈写愈大，结果终竟不能支持，睡倒下去了”。每当他回想起与这个书斋、这个家有关的一切，他都会由衷地向世人告白：

“我至今还忆念着这个书斋和这个家！”

据经常到郭沫若住处去的文学青年殷尘回忆，郭沫若的这个书斋中放着两张书桌，与旁边的书柜紧连着，一张书桌上堆满了正在使用的参考书，另一张书桌也放了一些书，还有一些笔墨纸砚之类的文具，书桌中间放着展开的稿纸和一些展开的书，表明他经常在此昼夜兼勤地伏案写作。他在流亡期间的学术成果和其他作品都是在这里诞生的。在这个平凡的小小的书斋中却能生产出一流的学术成果，念及此确实令人兴叹。此外，在这个小小的书斋中还放着一张低矮的桌子，以备孩子在此学习使用。殷尘说，他常看见一个叫鸿的小弟弟（郭沫若与日本夫人所生的最小的鸿儿）伏在这张小桌子上学画画或学写字，这也是这个书斋中的一个动人场景。

抗战爆发，郭沫若悄然回国，离开了这个令人难以割舍的书斋和妻子儿女。回国后，在战乱纷纭中辗转到了重庆，此时在朋友促成下，郭沫若已经有了一个新家。这个家住址在重庆天官府四号。这是一座很破的小楼，郭沫若全家住在三楼。居室是典型的陋室，沿着木板楼梯往上爬，颤颤巍巍的，好像整个房子都在摇晃，房间墙壁上的白灰多有脱落，家具十分简陋。作为书斋的房间里有张旧桌子，却没有像样的书橱。那看上去很像书橱的靠墙的架子，实际是用四个木箱垒起来的。从《沫若文集》第三集前面的照片中，即可看到这个代用书柜，里面放了许多书。就是在这样简陋的书斋中，郭沫若写出了许多文章，其中既有《屈原》《棠棣之花》等著名的历史剧，也有《甲申三百年祭》《十批判书》等著名的论著。这个简陋的少有直观美感的书斋，居然也成了郭沫若的一个著名的“产房”，并且赖此成了抗战的一面文化旗帜。

动荡的岁月里，郭沫若的书斋也发生着变化，透过这种书斋的变化也可约略窥见书斋主人的人生命运。如众所知，1949年后郭沫若的住房水准大大提高，后来还提高到让他本人感到很不安的地步。那么多房子中自然会有很像样的书房，优雅到远非他此前任何书斋可比的地步。

书斋是读书人最感亲切、自由和充实的处所，哪怕是再小再寒酸的书斋，也会深为书斋主人所眷恋。作为诗人的郭沫若，曾在大革命失败后重返书斋（只是个小小的亭子间），那一刻仿佛沉寂许久的心灵智光又复活了，竟将搁置许久的《浮士德》的译事重新拾了起来。补译、整理完毕，心情十分愉快，那感觉就像浮士德春游后回到书斋时所吟唱得那样——

嗟我小斋中，灯火今复燃，
胸底生光明，深心知内观。
花开希望蕊，理智复能言；
景慕生之川，景慕生之源。

这种对书斋的讴歌，响动的既是浮士德的心音，也是属于郭沫若的，并会在所有耽恋书斋生涯的人那里引起强烈的共鸣。

勤于访书

求学治学之人，总难免与书打交道，这交道打得越火热越好，火热到了一定程度，书痴书迷的癖好便成了外显的特征，通常在行为上的表现则是勤于访书、读书和用书，进一步就是著书立说。

郭沫若真正转向学术研究是在1928年远避日本的时候。开初时由于经济紧张的原因很少买书，只好想方设法去借书，没有资料怎么研究，怎么写书呢？他曾对北京大学学生说：要搞历史研究，除了要懂得一些正确的方法之外，“必要的是要占有大量的资料。资料的搜集、整理、分析等是必须尽力进行的艰苦工作，丝毫也不能偷巧。尽可能占有第一手资料，迫不得已时，有批判地接受第二手资料。在这儿最要实事求是，就是要老老实实地下苦功”[①]。可以说，这也正是他自己的经验之谈。郭沫若初时治学，买本书或读几本书就能凭借才情写出一篇论文来，但不久便失掉了“当初的一鼓作气的盲动力”，开始悟到资料选择的重要性，转而便着手对第一手资料进行艰苦的搜寻。他要寻找没有经过后人伪饰的、确实是古代的某一确定时期的东西。这样的东西在发达国家较多，但在当时的中国却很少有，因为考古工作滞后，资料整理也很欠缺。郭沫若当时又避居日本，熟人极少，更与学术圈无缘，只好搜索枯肠，想起了自己当年在冈山图书馆里曾见到过罗振玉编著的书，于是顿觉眼前放光：对啊，为什么不到藏书丰富的日本图书馆去查找自己所需要的书呢？

郭沫若想到这里，马上行动。他在东京上野图书馆幸运地查到了《殷虚书契前编》，当即借阅了。这是一函有布套的四本厚厚的线装书，珂罗版印，相当讲究。然而内容却不够理想，只是一本拓片影印集，书前有罗振玉的简略的序文，缺乏对拓片上的甲骨文字的必要研究，而这恰好给郭沫若提供了研究课题：读懂它，打开它的秘密。为了达到这一目的，郭沫若在更广泛的范围内去寻求图书资料。他往书店去寻书，购买不起便立读暗记；他往图书馆去寻书，辗转

① 《郭沫若书信集（下）》。

托人介绍，得到了很大的帮助；他往国内写信寻书，让好友代他访书借书，源源不断地获得了许多珍贵的资料。当时困难很多，但郭沫若却满腔热情地迎难而上，困难很快就被他一个个踏到了脚下。他经熟人介绍，得以长钻小石川区的东洋文库，这里所收藏的丰富的甲骨文和金文使他大饱眼福，为他的研究提供了极大的方便，尤其是其中王国维编著的古文字方面的书，为郭沫若提供了很大的帮助。国内的一些朋友，尤其是李一氓，依据郭沫若提供的索书书目，陆续地收集、购寄，使郭沫若节约了许多跑图书馆的时间，加快了研究的进度。郭沫若在1929年将《甲骨文字》一书的初稿写成之后，为了慎重起见，曾经冒昧地将稿子寄给北平燕京大学教授容庚求教。因为他读过容氏的《金文编》，从中得到了很大的帮助，这就有了文字上的缘分。1929年8月27日，郭沫若给容庚写了封信，信中说："曩读王静安先生《殷虚文字类编・序》，得知足下之名。近复披览大作《金文编》，用力之勤，究学之审，成果之卓荦，实深钦佩。仆因欲探讨中国之古代社会，近亦颇用心于甲骨文字及古金文字之学，读足下书后，有欲请教者数事，不识能见告否？"信中提了两个问题，实际均带有商讨性质。容庚回了信，回答了问题，还提供了有关材料。郭沫若"欣喜无似"地又写了信，继续商讨问题，并提出欲将自己所著的甲骨文研究的书稿寄上请教，"今稿将垂成，欲求先进者审核，足下如乐与相商，当即奉上”。说这话已是1929年9月19日了，信末已署“弟郭沫若”，显然彼此已有了志同道合的亲近之感。有了这种试探性的通信交往，郭沫若不久即寄出书稿求教，而且在资料上也得到了容庚更多的帮助。郭沫若在与友信中也屡屡径直提出代寻资料、代购书籍的要求。如他1929年12月29日信中说：“王（国维）驳钱大昕岁阴太岁异物之说（此说亦不知出钱著何书），王引之有《太岁考》一书——此间搜寻未获，兄处有此书否？如能代购一部亦佳。王国维《古史新证》亦欲读，闻京某志有采寻者，然否？”1930年2月16日信中亦说：“……又董彦堂新写本如发表时，望兄代为营谋一份，如何？”如此屡屡求取资料，以信访书，好生困难，个中苦况，在给容庚的信中也时有流露，如1930年9月26日信中感叹说：“古文字之学，最是系心事之一，惟惜资料过少，恨无用力之地也。”在郭沫若现存的致容庚的42封书信中，有28件书信明确提出借阅书籍或恳请代为录示、复制、购买拓片和书籍等要求。书信中经常出现这样一些请求性的话语，几乎可以列为“集锦”了：

“务望兄援手。”

“惟所见有限，待兄援手之处甚多。”

“能蒙赐阅，最所盼祷。”

“均弟所需，不识已撮就否？”

“务望见示。”

“务望兄玉成之。”

“惠借三品，感德之至。”

“蒙示各器，快喜莫名。”

…………

这些出现在致容庚信中的言语，也出现在郭沫若致马衡、唐兰等人的信中，堪称以信访书的经典用语。

流亡日本期间，郭沫若用了近十年时间来专心治学、写作，收获甚丰，在学术界赢得了很高的声望，包括日本的学术界都对郭沫若的古史、古文字研究深表敬意。当时的研究条件的确很差，倘无不畏困难的精神、勤于访书的韧劲，郭沫若的“学者”之名恐怕就要大打折扣了。

1949年后，郭沫若政务繁忙，然而仍心萦学术，屡有著述。资料方面自然较过去充盈些了，访书条件也好多了。除了常让身边的秘书代劳之外，还经常亲自写信求借自己急用的书，那种精神还时或令人想见他流亡生涯中的勤奋的身影。尽管郭沫若晚年读书条件好了，访书也方便多了，但他的学术成就却并未见有怎样的上升，虽有量的增加，也时有创造性或基础性的学术工程启动，如主编若干史著，校注《管子集校》，撰写《李白与杜甫》等，但在学术质量的总体衡定上，未见得超越他自己曾经达到的水平。诚如他在20

世纪50年代给“祖平”的信中说：“……拿研究来说，根柢也不踏实。特别在解放以后，觉得空虚得很。政治上不能有所建树，著述研究也完全抛荒了，对着突飞猛进的时代，不免瞠然自失。”[1]这些话固然含有谦虚，但仔细想想，又绝不只有谦虚。

① 《文艺报》1979年第5期。

文字研究

语言文字的深究，为人文学科诸多领域的开拓提供了必要的基础。当郭沫若意识到语言文字之研究的重要性时，便果断地调整了研究的方向和步骤，他首先盯上了当时尚在初创阶段的“甲骨学”。

他在日本流亡初期开始有意识地接触甲骨文书籍，一开始两眼一抹黑，甲骨文字仿佛是神秘的天书。但他并未气馁，专心去寻求入门的向导。很幸运，他找到了一位开辟甲骨学门径的大师，并在他的引导下，很快地便进入了甲骨学的堂奥。这位大师就是王国维。

郭沫若后来在传记中曾动情地说：“我是应该向一位替我们把门径开辟出来了的大师，表示虔诚的谢意的。这位大师是谁呢？就是1927年当北伐军进军到河南的时候，在北平跳水死了的那位王国维了。”

感谢王国维的主要理由，自然是因为受教于他的著作。王国维虽然弃世了，但他的书却是世间优秀的“黑白先生”，给学人提供大师级的精神指引。郭沫若早知道王国维，并读过他的名著《宋元戏曲考》，佩服其治学方法的坚实和创获的丰富，对其主要著作集《观堂集林》非常喜爱，经常研读，不仅从中汲取了丰富的营养，而且也从中发现一些存在的问题，引起了相关的思考和深入的研究，这显然是会读书、熟读书的表现。比如，郭沫若在读《观堂集林》中的《太史公行年考》一文时，读得极为细致，不仅认为其考证颇详，而且也发现了问题，他认为王国维考定的司马迁的生年为公元前145年疑有错处，并根据自己的考证，认为司马迁的生年应为公元前135年，为学术界提供了一个有价值的异说。为此他还专门写了一篇论文《〈太史公行年考〉有问题》。尽管郭沫若并不全然赞同王国维的学术观点及言行，但对那种从极“左”出发彻底否定王国维的观点向来不屑一顾。即使在“文革”中，他仍在给王国维之子的信中明确指出：“你对于令尊的认识，大抵正确。据我看来，令尊是为罗振玉所误，然在学术上的贡献颇大，人是诚实的，不同于一般的所谓‘遗老’。”[①]当时，连王国维的儿子都对

①《致王登明》。

其父的学术成果及所遗资料的价值缺乏充分的认识，他给郭沫若写信，询问其父生前收藏的古文字拓片今天于学术研究上是否还有用。这本是个常识性问题，但在“文革”中却居然成为一个困扰人的问题。郭沫若身处“学术荒漠”之中，自然知道当时几乎没有什么学术研究可言，但仍然给王登明回信，希望将王国维的金石拓本寄来一阅，或径交考古所图书室保存。他还曾将自己晚年勉力写于“学术荒漠”中的《李白与杜甫》一书寄赠王登明。这一切都表明，在郭沫若当时的心目中，文字研究仍有其难以磨灭的价值，王国维所取得的学术成就及所遗资料更是珍贵的。

维权事件

在郭沫若流亡日本期间，国内一些书商利用他不能回国打官司、找麻烦的方便，便放开胆子盗印郭沫若的书，这使他感到很气愤，却又无可奈何，只好在书信、文章中宣泄一下自己的愤怒。

1931年8月24日，郭沫若在给容庚的信中提到，北平中华印刷局盗印了他写的书多种，不仅如此，还盗用其名，翻译了日本作家夏目漱石的小说《草枕》印行，这无疑严重地损害了郭沫若的声誉和利益，所以郭沫若愤慨至极，向容庚打听北平中华印刷局何人所经营，并在信中说："今日于文求堂始得见其赃物。国人如此不重道义，殊足令人浩叹也。"

1937年2月15日，郭沫若于《〈北伐途次〉后记》中又揭露了一起盗印事件。原来，就在《北伐途次》于《宇宙风》杂志上连载的中途，上海一家名叫“幽灵”的出版社以迅雷不及掩耳的速度，将该回忆录的前25节盗印为《北伐途次——第一集》，狠捞了一把。不仅如此，还公然在书上印着“版权所有翻印必究”的字样。郭沫若在《〈北伐途次〉后记》中以讥讽的笔调写道：

> 所谓“侯门仁义存”，真正是有趣的一件事。有好些朋友说，中国人不懂幽默，但据这件事情看来，我却感觉着我们中国人是第一等幽默的民族。

再后来，1996年6月，郭沫若之女郭平英诉陈明远侵犯郭沫若著作权纠纷一案，经过半年多的取证和审理，于1997年1月由北京市海淀区人民法院审判并作出如下判决：陈明远擅自将郭沫若署名为《新潮》的作者，是一种署名不当行为，侵犯了郭沫若的署名权。同时，陈在《新潮》一书中使用郭沫若的作品，未取得郭沫若的继承人许可，亦未支付报酬，侵害了郭沫若继承人的权益。因此，法院依据《著作权法》判决：中国文联出版公司停止再版署有作者郭沫若名字的《新潮》一书；被告陈明远和中国文联出版公司，在全国公开发行的报刊上刊登声明，向原告赔礼道歉，消除影响；两被告共同承担对原告的经济赔偿和本案的诉讼费用。

“人是活的，书是死的”

1936年6月初，郭沫若胸部右侧生了个疖子，后来出了脓，自己便用手挤压，所用药棉积满了一只大碗。其时恰有邮差送了一些邮件来，他顺手把邮件拿过来看，其中有一册《东方文艺》的第二期，便翻开来将其内容浏览了一遍，觉得该刊内容相当充实，编者费了不少苦心。当他继续翻阅前面的内容时，发现在目录前、封面后的广告页上，有《新钟创作丛刊》的预约广告。此广告郭沫若三个月前已看过，并吃惊地看到上面有一种是他的《历史小品集》，定价“四角半”。他感到很奇怪，“历史小品”是什么，自己只写过《孔夫子吃饭》等三篇历史小说，也难以成“集”。不久，在一本书的后面所附的广告中，便成了“历史小品”，删去了“集”字。其实在郭沫若自己看来，说“历史小品”也不恰当——“品不起来”。可巧，在这一期《东方文艺》的广告页上，便把“品”字去掉了：

历史小　　郭沫若　　四角半

读到这则广告，善于联想、思维活跃的郭沫若便想到，循此一字递减律例，此预约广告再登上三回，就会依次变成这个样子了：

历史　　郭沫若　　四角半
历　　郭沫若　　四角半
郭沫若　　四角半

沿此幽默有趣的思路，郭沫若想到了自己弄来弄去只值得“四角半”，想到这钱加利息放在新钟书局将来可让自己的孩子去讨账。在这种轻松的“自嘲”之后却引发了一种重大的启示，郭沫若称之为“天启”。这个“天启”是他读广告中“历史小”三个字触发、诱思生成的。于是他写下了这样的议论：

真的，“历史”实在是“小”！大凡守旧派都把历史看得大。譬如我们的一些遗老遗少，动不动就爱说“我们中国自炎、黄以来有五千年的历史”。炎、黄有没有，且不必说，区区“五千年”究竟算得什么！请拿来和人类的历史比较一下吧，和地球的历史比较一下吧，和太阳系的历史比较一下吧……其实只要是历史，都已经是有限的。尽管就是银河系宇宙的历史，和无限的将来比较起来，总还是“小”。

总之，“历史”真正是“小”。准此以推，有了“历史”的人也一样是“小”。

这里鲜明地表达了郭沫若的“厚今薄古”的历史观，他的思考也由此向多方面延伸，甚至有的观点已经达到了非常偏激的边缘，但其间却总有一种活泼的充溢着青春气息的东西，感染着、激励着人们（尤其是年轻人）去追求。试看他从“历史小”这个公式导诱出来的公式：

愈有“历史”者，人愈“小”。
愈有将来者，人愈大。
古代的人小于近代的人。
年老的人小于年青的人。

他还由此想到自己读艾芜《南行记》时留在脑海中的深刻印象，书里有句名言，说“同情和助力是应该放在年青的一代人身上的”。郭沫若认为这句话和“历史小”的观点恰恰互为表里。很显然，郭沫若在此张扬的“青年文化”（更正确的说法应是“青春文化”）精神也正是“五四”以来的“新文化”的精神，那时的鲁迅也执信着进化论的观念，站在“青年本位”的立场上审视历史和文化。然而，也正是复杂的历史和文化证明了进化论的历史观和文化观是有严重局限性的，其“单向”思维的特征太明显，以至于鲁迅后来相当果断地告别了它。郭沫若的“历史小”的顿悟或妙思，有其令人欣赏的地方，如读与思在这里都显示了极大的张力，对“历史”的某种反思或否定意向也含有积极的进步意义，但其“单向”思维将他引向某种片面和单纯，也是不容回避的事实。

不过，如从诗人保有童心、渴望青春的情绪表达来看郭沫若关于“历史小”的议论，那就不会那么认真计较其有无偏颇之处了。比如他当时说：“老实讲，我自己是恨我已经不能再做‘可畏’的‘后生’了。”“我希望比我年青的人都要使得我生畏。”这些作为人生感叹和激励他人及自己的话语，实是无可厚非的。

读鲁迅

按某种教科书式的说法，鲁迅和郭沫若是文化战线上的两面旗帜，虽略有时序上的差别，但那旗帜的颜色似乎没什么大的差别。说起来，这两面旗的关系实在有些复杂，鲁迅眼中的郭沫若，郭沫若眼中的鲁迅，在不同时期不同情境之中也有“变色”的情况，有陌生，有隔膜，有接触，有友好，有相讥，有互助，甚至也有过分的批判和赞美。从郭沫若这方面说，他对鲁迅的了解和认识是与他读鲁迅作品的过程相一致的，读的文章多了，了解和认识也便逐渐加深，虽然其间误读时或发生。

郭沫若在日本留学期间便读过鲁迅的作品，那是在1920年，郭读到了鲁迅的《头发的故事》，“铭感很深”[①]；

①《沫若文集》第12卷，第531页。

1923年秋，他读到了《呐喊》小说集，虽然“只读了三分之一的光景便搁置了”[①]，但印象毕竟还是有的。郭沫若曾回忆说，在《呐喊》初出版时，“我曾请泰东书局买过一本（当时我寄居在泰东的编辑处）。有一天礼拜日我带着孩子们到吉司菲尔公园时，是带着《呐喊》同去的。我睡在草地上从前面翻读起，读了三分之一的光景，我得的印象依然还是与前几年读《头发的故事》时是一样。但终因和自己的趣味有点反驳了的原故，所以读了三分之一之后，终竟没有读完”[②]。不仅有印象，而且连在何地何时何种情形下读的，都记得清清楚楚，这确很可贵，但在那样消闲的心境下读《呐喊》，读不进去自然也是可以理解的。接下来，郭沫若仍偶读鲁迅，有时大概也是为了笔战的需要。直到鲁迅逝世之后，郭沫若才逐渐调整了原本有些傲慢的复杂心态，较多地读了鲁迅的作品。他在1940年12月18日写的《庄子与鲁迅》一文中介绍说：“最近我又借了一部《鲁迅全集》来，偷着余闲，将把除掉翻译之外的前七册读了一遍。”并做了较详细的笔记，既为其研究鲁迅的文章提供材料，甚至还发现了鲁迅作品中语词运用上的欠妥之处，[③]但这样相当精心的阅读恰恰表明了此时郭沫若对鲁迅的敬重，与他化名“杜

---

① 《沫若文集》第12卷，第532页。
② 《眼中钉》。
③ 张恩和：《郭沫若对鲁迅运用语言的一个批评》。

荃”猛批鲁迅时的情形大不一样了。他曾在《文艺战线上的封建余孽》中说鲁迅是“封建余孽”、“二重的反革命”和“Fascist（法西斯蒂）”，不管是出于怎样心理与情绪，其不妥之处是显而易见的。

通过对鲁迅作品的阅读，以及对那些研究鲁迅的论著的阅读，郭沫若心目中的鲁迅已从暗影中走出，反转成了“精神上的灯塔”[①]。郭沫若到底还是诗人，激情袭来，赞美的语词便会喷薄而出，比如，“大哉鲁迅！鲁迅之前未有鲁迅，鲁迅之后有无数鲁迅！”[②]，“鲁迅先生无心作诗人，偶有所作，每臻绝唱。……鲁迅先生无心作书家，所遗手迹，自成风格。……远逾宋唐，直攀魏晋。世人宝之，非因人而贵也”[③]，鲁迅“是革命的思想家，是划时代的文艺作家，是实事求是的历史学家，是以身作则的教育家，是渴望人类解放的国际主义者”[④]。如此这般的阐扬和赞美，后来于郭沫若几乎成了每年一度要变调处理的公文或报告。

---

①《鲁迅和我们同在》。
②《民族的杰作》。
③《〈鲁迅诗稿〉序》。
④《体现自我牺牲的精神》。

研读《史记》

郭沫若一生除了以诗人名世，还以史剧作家名世。他的历史剧创作，尤其是20世纪40年代以《屈原》为代表的六大历史剧，形成了他创作上的又一高峰。从这些历史剧的选材上看，有一个非常重要的题材来源，这就是太史公司马迁的《史记》。

郭沫若青少年时期就喜读《史记》，不仅多次通读全书，而且有些精彩部分甚至熟读成诵，记忆和理解都非常深切。在他早期从事戏剧创作的时候，第一篇试作为《棠棣之花》，虽在艺术形式上颇受歌德、莎士比亚的启发，但在题材的选择以及深层的文化心理上，却与太史公司马迁大有关联。他曾自述，在很小的时候便对聂嫈和聂政姐弟的故事心生同情。《史记》中的《刺客列传》，特别是聂政的故事，在旧时的古文读本上大都选录，传播非常广泛，甚至深入民间，成为妇孺皆知的民间故事。郭沫若一开始构思《棠棣之花》时，严格依循《史记·刺客列传》，从严仲子访问写起，直写到聂政声名表露为止，共分十幕，包括《屠狗》《别墓》《邂逅》《密谋》《行刺》《诀夫》《误会》《闻耗》《哭尸》《表扬》。后来因发现（或不情愿如此）聂嫈嫁夫可能是司马迁的“画蛇添足”，未能完成这最初的构思，只将已写成的两幕先期发表了。后来在《三个叛逆的女性》中又专写了《聂嫈》一剧，作为《棠棣之花》的续篇，主要描写聂政刺杀韩相侠累后，其姐聂嫈为传扬聂政的侠情义气，挺身赴韩市，哭尸认尸而后刎颈自杀，十分悲壮感人。尽管郭沫若出于史剧创作的“失事求似”的原则，并不严格依循司马迁提供的史实去处理剧情，艺术想象和现实需要常常使他独辟蹊径、别出心裁，构拟出司马迁《史记》或其他典籍中未曾有的情节，但是，从精神文化传统上，仍然不难看出郭沫若对太史公司马迁之良史精神和反抗精神的继承与发展。同时，在守护中国传统文化价值观中那些“正义”的人生信念方面，郭沫若也显示出了他与太史公的相通相续。

到了20世纪40年代，郭沫若除了完成了久已想写的史剧《棠棣之花》之外，又写出了《屈原》（1942）、《虎符》（1942）、《筑》（即《高渐离》，1942）、《孔雀胆》

（1942）、《南冠草》（1943）等史剧作品，虽然创作本意是要使这些作品成为“献给现实的蟠桃”，但也正是出于“现实”的原因，郭沫若仍不得不多多向太史公司马迁等古代史学家伸出求援之手，借得古代材料，达到“鉴今”的目的。

为了写好《屈原》等史剧，郭沫若又精读了《史记》等历史著作，钻研考据有如学者，虚构完形有如诗人，求实的严谨和想象的激情在这里既有矛盾的一面，也有紧密结合的一面。所构思的剧情人物有相当一部分得自《史记》的记载或启迪。郭沫若在创作中不仅重点参考了《史记·屈原贾生列传》，而且还参考了《史记》的其他部分。比如《史记》的《项羽本纪》《张仪列传》等。有的地方自然与《史记》明显不一致，但大多也经过了仔细的斟酌思考。郭沫若在《写完五幕剧〈屈原〉之后》一文中曾介绍了一个这样的情节变化：“依据《史记》，在怀王时谗屈原的是上官大夫靳尚，但我把主要的责任嫁到郑袖身上去了。这虽然也是想当然的揣测，但恐怕是最近乎事实的。”如从创作心境上看，太史公司马迁在受腐刑后发愤著书的那种心态，[①]与郭沫若当时发愤著书的心态也有相通之处。当时郭沫若所处的时代环境实际相当险恶：中日战争达到胶着艰苦阶段，国内时局

① 郭沫若：《司马迁发愤》。

更是日趋动荡，而郭沫若的经济生活状况也相当糟糕。当时他及全家共六口人住在重庆天官府四号，小楼的三层的狭窄房间中陈放着粗陋的家具。陋室中不可或缺的书柜居然是用四个破木箱垒起来的。然而就在各种沉重的精神压力下，郭沫若依然忘我地投入了《屈原》等历史剧的写作，还写了其他许多诗文以及《十批判书》等学术著作。

在史剧创作中，郭沫若得益于他对《史记》等历史著作的研读，在他的《中国古代社会研究》《十批判书》等史学著作中，同样显示出他对《史记》等历史著作精心研读的丰富收获。郭沫若留学日本的同学钱潮先生曾回忆，郭沫若“对司马迁《史记》中主要人物，能栩栩如生地描述，其中对屈原的行径，寄以无限的钦仰，常以此自喻”。从某种意义上，也可以说，郭沫若以其成功的史剧创作及史学成果成为中国20世纪的“太史公”。他的长篇自传透现出时代的光影；他的诗文、小说记录了中国人的“人之觉醒”的精神历程；他的学术研究深入到了历史文化的许多方面；他的历史剧创作，沟通古今，昭示着民族与个人的命运。

也正是由于对《史记》的喜爱，郭沫若对太史公司马迁相当崇敬，对他的生平事迹也予以关切和考证。他曾写有《关于司马迁之死》《〈太史公行年考〉有问题》等文，其中指出：“这位伟大的历史家在既受宫刑之后，又得到不自然的死，是愈益足以增加我们的景仰和惋惜的。关于司马迁下狱死事，前人多不相信；但从种种材料看来，没有坚实的理由可以完全加以否认。”从这里不仅表现出了郭沫若治学细心严谨的一面，尤其重要的是表现出了他对太史公司马迁的那份令人感动的关切与敬仰。当有人写信询问司马迁是否也是“档案工作者”时，郭沫若依凭自己广泛的阅读所获得的知识，很热情地复信作答，“我的看法，偏向于司马迁曾是一位档案工作者”，“他除手中所有的档案之外，还去检阅旧档案”，“但以太史公而兼管档案，在汉是以司马迁之死而告终的”[①]。即或对如此具体的问题所给予的回答，也很能见出郭沫若对司马迁的熟悉，相关的研读则远远超出了《史记》本文。也正是出于对太史公司马迁由衷的敬仰，他在《题司马迁墓》诗中留下了这样的诗句：

龙门有灵秀，钟毓人中龙。
学识空前古，文章百代雄。
怜才膺斧钺，吐气作霓虹。
功业追尼父，千秋太史公。

① 《档案工作》1980年第3期。

“我委实自比过屈原”

针对刘半农在《语丝》上著文讽刺郭沫若是“上海滩上的诗人，自称歌德”，郭沫若于《创造十年》中申辩道：“我在前虽然没有自称过我是歌德，但我和博士先生一样委实是崇拜过歌德的人。”“我虽然不曾自比过歌德，但我委实自比过屈原。就在那一年所作的《湘累》，实际上就是‘夫子自道’。”

“委实自比过屈原”的郭沫若，初时是凭借对《楚辞》《史记》等书籍的阅读走近屈原，并与这个伟大的历史人物结下难解之缘的。在私塾中学习的时候，郭沫若就喜爱上了屈原的作品；在日本留学时常诵读《离骚》，并常以屈原自喻。[①]

---

① 钱潮：《回忆沫若早年在日本的学习生活》。

司马迁在《史记》中记述的屈原，既是历史人物，亦为艺术形象，具有十分感人的力量。屈原高洁的人格、爱国的情怀、求索的精神、忧患的意识、诗人的气质等，都对郭沫若产生了明显的影响。同时也正是由于这种影响之深切，促使他通过不断地阅读有关屈原及其作品的书籍，进而在自己的创作中多次讴歌屈原，在研读生涯中深究屈原的思想与创作，甚至还曾兴致勃勃地把屈原的作品译为白话作品，对弘扬屈原精神的文化活动投注了很大的热情。

最为世人所知的，是郭沫若在抗战期间写出了著名的历史剧《屈原》。由于长期熟读屈原作品及有关屈原的历史著作、诗人文献，尤其是他在心灵上与屈原的贴近和同化，使他面对当时“最黑暗”的时代及各种现实悲剧时，便强烈地感受到了一种“屈原式”的愤怒，激活了他惊人的创造力，立意要“借了屈原的时代来象征我们当时的时代”[①]。郭沫若曾述创作《屈原》时的情形是“妙思泉涌，奔走笔下”，费时不多，而自我感觉极佳。他曾于《我怎样写〈屈原〉》中感叹道：“目前的《屈原》真可以说是意想外的收获。……实在也奇怪，自己的脑识就像水池开了闸的一样，只是不断的涌出，涌到了平静为止。”之所以出现这种灵感爆发现象的原因很多，但可以说，《屈原》的诞生更是郭沫

① 《序俄文译本史剧〈屈原〉》。

若长期读书积累的一个必然结果。

五幕历史剧《屈原》是一部很有气势与魅力的剧作，既有深厚的历史感，也有强烈的现实感，成功地实践了郭沫若自己追求的“失事求似”的史剧创作原则。其中尤其成功的是塑造了屈原这样一位伟大的诗人的艺术形象。早在20世纪20年代初，郭沫若就在独幕诗剧《湘累》中刻画了屈原被放逐时的悲剧形象，如今在更其广阔的艺术空间里进行了更加细致的刻画，使屈原这个具有政治家抱负的爱国诗人形象更加立体化地呈现在人们的面前。由此也充分表现了郭沫若对屈原的敬仰和推崇。他写屈原，固然有当时特定时代环境上的需要，但也有他对中国文化优秀精神的深刻理解作为创作的基础，并期待着通过屈原形象的塑造，来弘扬中国优秀传统文化的坚持，诚如他在《关于屈原》中说：“屈原是永远值得后人崇拜的一位伟大的诗人，他的对于国族的忠烈和创作的绚烂，真真是光芒万丈。中华民族的尊重正义，抗拒强暴的优秀精神，一直到现在都被他扶植着。”

作为中国现代文学史上写屈原的圣手，也是中国史学史上研究屈原的最重要的学者之一，郭沫若的第一本历史人物论著《屈原》，由上海开明书店于1935年印行，书中包括《屈原的存在》《屈原的作品》和《屈原的艺术与思想》三部分，末附《〈离骚〉今言译》。此后又撰写了《屈原时代》（1936）、《关于屈原》（1940）、《革命诗人屈原》（1940）、《屈原考》（1941）、《屈原思想》（1942）、《屈原研究》（1943，论著）、《屈原不会是弄臣》（1946）、《屈原的幸与不幸》（1948）、《人民诗人屈原》（1950）、《评〈离骚〉底作者》（1951）、《评〈离骚〉以外的屈赋》（1951）、《屈原简述》（1953）、《〈屈原赋〉今译》（1953）等专论屈原的文章，显示了他对屈原的持久兴趣和深入研究。为了研究屈原，郭沫若不仅精读屈原的作品和《史记》的有关部分，而且还广为涉猎，从历史学、民俗学、考古学、文字学、音韵学、文献学等众多知识领域寻求知识与方法上的帮助，从而廓清了怀疑屈原存在、指责屈原是弄臣等不少错误观念，并对屈原的思想、艺术及屈原自杀的悲剧原因等许多课题提出了自己的看法。

无论从文从政，郭沫若都难忘经由书本之桥进入其心灵的屈灵均，诚所谓“屈子是吾师，惜哉憔悴死！华夏今再生，屈子芳无比”[①]。他不断地在诗文中提到屈原，屈原的形象在他心目中仿佛也在不断地“完善”，成为令人神往的中华民族文化精英的代表。所以当他有机会向世界人民介绍中国文化名人时，他首先介绍的就是屈原。1952年，世界和平理事会作出纪念屈原、哥白尼、拉伯雷、何塞·马蒂等

① 郭沫若：《题画记》。

四位文化名人的决议，开始在世界范围内树立了屈原作为世界文化名人的突出形象。郭沫若为这一决议的提出尽了自己的努力，并在中国本土的大规模纪念活动中起到了领导的作用，如举办纪念屈原的演讲会、展览会、文艺表演、纪念大会等，并出版和发表有关屈原的各类著作或文章，使得纪念活动搞得轰轰烈烈，在国内外均产生了广泛的影响。

关于《甲申三百年祭》

郭沫若对陕北米脂的李自成即“李闯王”曾经给予集中的关注，搜读有关材料，写成了他那篇名文《甲申三百年祭》。该文于1944年3月19日开始发表于《新华日报》，连载三天。该文的发表引起了相当激烈的论争。但无论是批评者（或围攻者）还是称扬者，都围绕着该文的思想倾向或某些观点在作各自需要的发挥，国民党方面指责《甲申三百年祭》宣扬了“亡国主义”和“战败主义”，声称“不能姑息和放松这种反常思想，听其谬论流传”；共产党方面则称扬该文的战斗作用和启迪意义，解放区的报刊转载该文的同时，还在毛泽东倡导下组织对该文的学习。毛泽东为此还给郭沫若写信，说：

> 你的《甲申三百年祭》，我们把它当作整风文件看待。小胜即骄傲，大胜更骄傲，一次又一次吃亏，如何避免此种毛病，实在值得注意。……你的史论、史剧有大益于中国人民，只嫌其少，不嫌其多，精神决不会白费的，希望继续努力。

一篇论文能够如此轰动，引起那么多要人的注意和思考，实为难得。只是近些年来，屡闻有人指责该文在资料占有及使用上存在诸多问题。

写论文所用的资料固然应该充分翔实，对具体的学者而言却又总是相对的“充分翔实”。为了撰写《甲申三百年祭》，郭沫若确曾尽了很大的努力去查阅资料。由于长年漂泊，自己藏书很少，只好到处访书、借书。在动笔写《甲申三百年祭》时，更是“书到用时方恨少”，感到参考书的缺乏，诚如他后来的回忆，“前年（1944）我曾写《申申三百年祭》一文，关于李岩和红娘子的逸事有所叙述，颇引起读者的注意，但因参考书缺乏，所述亦未能详尽”[①]。经过一番苦心的搜求（比如于1944年2月8日写信给翦伯赞求助），郭沫若虽仍感到“参考书的缺乏”，但在相对意义上讲又是很丰富了。本来，他在更早些的时候就已着手研究明

① 《关于李岩》。

朝末年的历史，读了一些有关的古书，计划将李自成所代表的农民运动写成史剧，后来改而写成论文。熟读有关材料大约用去了数月光景，这对才情横溢的郭沫若来说，已经是很能耐住性子的了。虽然其间穿插干了不少别的工作，读了不少别的书，但持续而又较为集中地读有关李自成及其起义的书，则是他当时的最主要的一种读书活动。

在这种搜求资料、认真研读的过程中，郭沫若曾从一位友人处借到一本《剿闯小史》的手抄本。高兴之余，便马上投入阅读，结果发现存在许多问题，于是亲自标点、抄写，大加整理，推荐出版，并为之撰写了《跋语》。由此《跋语》内容，可以看出郭沫若在研读材料过程中的细致认真。《剿闯小史·跋语》中说：

抄本错字甚多，脱落亦所在多有，几难句读。如羽书误为“洞书”，袭异误为“裘异”，淆惑误为“济惑”，眼窝误为“翌富贵”之类，均出人意表。今为校读一过，其确然知其讹误者，订正之，并略施标点，以使籀读。但其可疑而无由推其原文者均仍旧，以待识者。

书中盛称吴三桂，但拥护南朝，而称满人为“虏”或“鞑子”。写作时代大抵在甲申乙酉之间，南朝新建，满廷尚未十分露其毒焰时也。作为平话小说，实甚

> 拙劣，但可作为史料观。观其所记，与《明季北略》多相符，后书似尚有录取本书之处，如李信谏自成四事及与宋献策论明制科举之不足以得人才等节，几于一字不易，而《北略》颇有夺字夺句。又与明史流贼传则有出入，流贼传绳伎红娘子救李信出狱事，最宜做小说材料，而本书则无之，足证本书之成实远在明史之前也。

郭沫若对“史料”的敏感和珍视，从这番校读中已生动地显现了出来。既可见出他扎实的校读正误的功力，又可见出他的史识及分析的能力亦非常人可比。该《剿闯小史》后经郭沫若介绍由重庆说文出版社于1944年3月出版，其《跋语》署名为“鼎堂”——郭沫若常用的一个笔名。

“鼎堂”校读的《剿闯小史》可以折映出郭沫若的《甲申三百年祭》的“学术形象”。一个手抄本的搜读、校读和出版，可以显现出郭氏对李自成研究的精力投入之一斑。诚如著名历史学家侯外庐在回忆录《坎坷的历程》一书中所说的那样：“我不了解郭沫若研究甲申成败的背景，但从这篇文章立论的严肃看，郭老对这个题目一定下了不少功夫。”当然，下了功夫的研究成果也未必就不会有缺陷，《甲申三百年祭》的不足在现今看来已很明显，但这并不能说明《甲申三百年祭》是虚妄的——它在史学史上的价值无论是谁都抹杀不了的。

读书与抄书

抄书作为读书活动衍生的一种方式，也有一个由低级向高级发展的过程。自然，郭沫若也经历了这一过程。毕竟，郭沫若读的书多，所抄书（片段、语句）之多恐怕在文人学士中间也是居多的一位。他一生写出了那么多的书和文章，就是一个极好的证明。说他知识渊博、才情横溢的人，便常以他善于旁征博引、融贯中西为例子；而攻击他贬损他抑或嫉妒他的人，则往往从郭沫若的抄书中寻找口实或证据，并名之为“抄袭”。有位颇有名气的汉学家余英时，就曾撰文，指斥郭沫若大量抄袭了钱穆。其文题目就是《郭沫若抄袭钱穆著作考》。文中认定郭沫若的《十批判书》大量抄袭钱穆的《先秦诸子系年》，并说郭沫若“是一个完全没有学术诚实的人”，“不能不对他的一世学术论著持怀疑态度了”。

这样的攻击和否定可谓是极其彻底的了。然而事实究竟如何呢？耿清珩、翟清福撰文给予澄清，文中说：“我们在对两书的有关材料进行核对后，发现此说根本不能成立，完全是余英时对郭沫若别有用心的诬罔和攻击。”[①]这句话虽然说得过于峻厉，颇有以毒攻毒，以牙还牙的味道，但大体说来是对的，这一点从耿、翟二位文章的论述中即可看出。这里不妨继续当一个文抄公：

> 《系年》和《十批》是性质完全不同的两部论著，前者主要考证诸子生平活动和著书年代，后者则着重分析诸子思想内容和社会背景。余列举郭抄袭钱的主要证据，是两书引用的史料相同部分，而对《十批》所用材料不见于《系年》及对同一材料两书考辨不同的，余却视而不见。余心存偏见，连一些常见的基本史料或已成学者们基本常识的论点，都要为老师争发明权。如果按照余攻击郭的手法对待他自己的著作，譬如把他的论著和其他学者的有关论著加以互校，看哪些史料或观点相同或类似，以此判断有无抄袭的嫌疑，试问余先生，这样行吗？

① 《博览群书》1996年第8期。

这种简明有力的驳斥显示了某种激动，连《书城》杂志的编辑也跟着激动起来，在转载耿、翟之文后还加了“编者注”，云：“本刊创刊以来，多次收到‘揭发’郭沫若抄袭钱穆的稿件。但郭如何‘抄袭’钱，都说得十分含糊。我们要求投稿者将钱如何说，郭如何抄，对照举例。这些投稿者就没有了下文。这使我们恍然大悟，他们其实是拾余英时牙慧而已。我们总有一些人，一见洋人或准洋人，就站不直腿。”

求学日本

日本留学的经历使学医的郭沫若也得到了亲近日本文学的机会。

有岛武郎，是他爱读的一个作家。据郭沫若在《创造十年》中介绍，在1919年秋，他于无意间购读了有岛武郎写的传记作品《叛逆者》，其中介绍了三位艺术家，一是法国的雕刻家罗丹（Rodin），二是法国画家米勒（Millet），三是美国诗人惠特曼（Whitman）。当时的郭沫若已经诗意盈怀，不断地写新诗向宗白华编的《学灯》投稿，所以便将介绍诗人惠特曼的部分细细地读过，一读便深深地喜爱起来，觉得惠特曼的诗歌很有气势和情味。于是便去找读惠特曼的代表诗集《草叶集》，读后益发感到惠特曼的诗风与“五四”的狂飙突进的时代精神十分合拍，自己也情不自禁地为他那雄浑豪放、宏朗畅快的旋律所激动，以致自己“开了闸的作诗欲又受到了一阵暴风雨般的煽动”，几乎每天都有强烈的诗兴袭来，使他写出了《凤凰涅槃》《晨安》《地球，我的母亲！》《匪徒颂》等一系列“惠特曼式”的诗。此时郭沫若的诗兴由此达到了“狂溢”的巅峰。

1920年3月6日，郭沫若在写给田汉的长信中，又详述了他购读有岛武郎的“三部曲”的情形。他说：“我最喜欢他那《Samson与Delilah》（《参孙与德利拉》）的一篇——我昨晚写至此处，我又把有岛氏的原作来细细地读了一遍。我看他这的确是一篇象征剧。”接下来便对这个剧作进行了相当详细的介绍和评论，同时还对有岛武郎的创作心理给予了分析。从这里既可以看出当时的郭沫若的兴趣爱好，又可以看出他急于邀朋友共赏佳作的心情。

郭沫若曾在致宗白华的信中谈到“在日本留学，读的是西洋书，受的是东洋气”，这话诚有几分真实，但情形并非完全如此。从他读有岛武郎作品的入神、激动的情况看，他受益于日本文学亦不菲薄。他如静下心来，倒应该向“日本书”道一声感谢的。何况，他读到的日本文学作品也绝不限于少数几位日本作家的作品。他于1934年曾选译了《日本短篇小说集》（署名高汝鸿选译），其中收入了芥川龙之介的《南京之基督》《蜜柑》，志贺直哉的《真鹤》《正义派》，葛西善藏的《马粪石》，小林多喜二的《“替市民”》，横光利一的《现眼的虱子》《拿破仑与疥癣》，德永直的《“抹杀”不了的情景》，贵司山治的《贞淑的妻》等十五位作家的十九篇小说，体现了他对日本小说创作的深入了解。他所涉读的范围显然不局限于已选译的作家作品，他甚至为此还阅读了论述日本文化的不少论著。从郭沫若为此译作写的“序”中，便可以清晰地看到，他诚为一个“日本通”。他首先对日本近半个世纪的飞速发展进行了评说。他认为，欧美演进了两三百年间的历程，日本在五十年间便追赶了上来，后来者居上，“的确是占了便宜”。因为有欧美人的示例在先，后来者可以少走许多弯路。日本的近代文艺与其社会的整体进步一样，同一是在飞跃。其次，郭沫若对日本的近现代文艺的发展也给予了精要的评说。他认为，日本近现代文艺在质和量上都有令人惊异的发展，旧式的文体很快隐退，出现了新的样式，特别是短篇小说，确有些巧妙的成果，其中有好些已达到了欧美一些大作家的水准。面对众多的小说佳作，作为选译者的郭沫若力求选译那些有代表性的作品，同时多介绍几位作家，多介绍一些作品，在有限的字数内，选一些精短佳作。有些在日本文坛上很有代表性的作家只因没有相当的短篇而付之阙如，这是遗憾的，但郭沫若强调说：“自己在选和译上，对于作者和读者是十二分地负着责任的。”

从郭沫若熟悉的外文语种来说，他最精通的外文无疑是日语，他所熟读的文化书籍除中文本之外，最多的亦当为日文本。借此，他对日本文化以及中日文化交流史都有相当深入的了解，加之他与日本的情缘、书缘都非常幽深长久，所以在1949年后，郭沫若以文化使者的身份访问了日本，又担当了中日友好协会的名誉会长，为中日友谊的巩固做了不少有益的工作。为此还写下了不少“中日友谊诗”，其中不乏佳句，如：“鉴真盲目犹航海，阿倍遗骸尚在田。”①“此来收获将何有？永不愿操同室戈。”②“晨辉一片殷勤意，泯却无边恩与仇。”③“黄河之水通江户，珠穆峰连富士山。”④

1936年5月，郭沫若曾应日本《文艺》杂志编辑部约稿，写《我的母国·作为日本文学课题》。他在文中指出：现实的中国对于有才能的作家，诚是一个伟大的课题；日本作家想写现实的中国，可以丰富日本文学和世界文学；日本作家应加深对中国的体验，这是创作的第一条件。事实上，郭沫若确实指出了要害，也表达了最深切的一种期盼。反之，中国作家也应将日本作为“伟大的课题”，熟悉日本，写好日本。

① 《赠日本话剧团》。
② 《归途在东海道车中》。
③ 《宿春帆楼》。
④ 《〈人民中国〉日文版创刊20周年》。

顺便指出，郭沫若与日本文化、日本文学有着非常深切而又直接的关系，他在日本生活的时间仅次于他在中国生活的时间，从1914年到1937年，他大部分的时间都在日本度过。在这期间他对日本文化、日本文学的各个方面都有广泛的接触，这应是可以理解的。比如他对日本诗歌（包括和歌、俳句等）、日本小说（尤其是日本白桦派的私小说）、日本文论（尤其是“物哀”的审美观、白桦派的浪漫主义、藏原惟人的新写实主义）以及日本历史文化的接触了解，就对他的诗歌、小说创作以及思想倾向产生了不可忽视的影响。但要“坐实”这些影响的存在，恐怕不能停留在浮泛的“相似”比较，而要从郭沫若的实际阅读活动、思维活动中开始深入发掘。在这方面，也尤其希望能够有日本学者的卓有成效的研究与贡献。

亲近俄苏

郭沫若通过阅读俄苏的书籍，深入地了解了俄苏文学。在诗歌方面，他在20世纪20年代后期曾与李一氓合译了《新俄诗选》，介绍了许多俄苏诗人。郭沫若特别喜爱的俄罗斯诗人是普希金，既读其诗，受其影响，又宣扬普希金，乐于将普希金及其作品介绍给更多的读者。

1947年是俄国大诗人普希金逝世110周年，戈宝权编《普希金文集》以示纪念，请郭沫若为这本书的封面题字并担任文集编委会的名誉顾问，还请他为普希金的纪念日写了题词。郭沫若都欣然应允，其题词的内容如下：

普希金是人民诗人的伟大的先驱。他以献身的热情歌颂人民，唤醒人民，而反对封建思想和专制暴政，终

> 于遭受牺牲。不仅他的灿烂的诗章是世人的瑰宝，他那公正而勇敢的生活态度是我辈做人之模范。

在纪念普希金逝世110周年大会上，郭沫若还在会场内外紧张的气氛下，做了题为《向普希金看齐！》的演讲，号召人们要像普希金那样反对专制暴政。为了表示友谊，郭沫若曾将自己珍藏的十月革命以前出版的插图本普希金的小说《黑桃皇后》送给了戈宝权。这使得这位素以翻译、研究俄苏文学著称的学者非常感动。另有一件事也使戈宝权终生难忘，是郭沫若送他《马雅可夫斯基全集》。原来，郭沫若1945年去苏联时，路经昆明，当时闻一多还健在，听说郭沫若去苏联，便请他在访苏时为他找一本马氏的诗集带回来。郭沫若在莫斯科参观马雅可夫斯基故居纪念馆时，向负责人提出了这个要求，纪念馆的同志很慷慨，将几卷当时尚未出齐的《马雅可夫斯基全集》送给郭沫若。郭将书带回国时，闻一多不幸被暗杀了。于是，郭沫若便将书送给了戈宝权。戈后来补齐了这套书，并参考这一版本翻译了《马雅可夫斯基全集》。在戈宝权看来，这套全集很珍贵，一来这是郭老送他的，二来它们原本是闻一多要的书。其中包含着值得纪念的情感。

郭沫若对俄苏文学中的小说家也有相当浓厚的兴趣。他在日本留学期间就读过高尔基、陀思妥耶夫斯基、屠格涅夫等人的小说，后来阅读面更有扩大，还投入了很大的精力翻译了屠格涅夫的《新时代》（即《处女地》）、托尔斯泰的《战争与和平》等长篇小说，还为李虹霓译《开拓了的处女地》（肖洛霍夫）作序予以介绍。不过，就其接触的时间之早和影响之深而言，还是高尔基之于郭沫若显得更重要一些。

在日本留学时，郭沫若和安娜同居，过着非常贫寒的日子，经济上很紧张。他便偷空去给人教汉语，挣点小钱贴补家用。有一天忍不住进了书店，反复掂量后买了一本高尔基的《我的童年》的英译本，他对此书产生了强烈的兴趣，即使回到家中与安娜产生了不愉快，还是默默地走到书桌边翻开《我的童年》便读。后来，郭沫若又断断续续地读了高尔基的不少作品，他在《人文界的日蚀》一文中说他曾“于英文中读过高尔基的《幼年时代》，于德文中读过他的《放浪者》，于日文中读过他的《夜店》”。在大革命失败后，郭沫若蛰居上海，集中阅读了高尔基的作品，对其自传、写实性的作品尤表欣赏。此后不久，郭沫若也便投入了自传的写作，陆续写出了《我的童年》《反正前后》《初出夔门》和《创造十年》等作品，将个人命运与时代生活紧密结合，这些作品既真切地显示了本人的成长历史，又如实地展示了大时代的政治风云和文化运动，其中涵容了丰富的人性与时代内容。这种创作取向上的选择，应该说受到了高尔基的影响，据郭沫若回忆，他还差一点去了苏联，并有可能与高尔基进行合作，“那是1929年，高尔基有意把1927年前后的中国革命写成一部小说，希望有中国同志合作，朋友们推荐我去。然而终因种种的羁绊，没有达到这个目的。高尔基的那个意趣，似乎一直没有表达出来”[①]。1928年12月上旬，周恩来等人已安排好郭沫若一家搭乘苏联撤回领事馆人员的轮船赴苏，不料郭沫若大病一场，误了这次机会，后来便到了日本。此后虽仍有意往苏联，终因羁绊太多未能成行。尽管当年郭沫若未能到苏联，未能面见高尔基，但他与苏联、与高尔基的精神联系却非常紧密。这种精神联系早在他转向革命、向往无产阶级革命时就已经初步建立起来了。他在1923年9月写的《艺术家与革命家》一文，甚至不无夸张地说：“俄国的革命一半成功于文艺家的宣传。”由此可见他对俄苏革命文学的高度重视。他在一系列谈论革命文学的文章或讲演中，都少不了对俄苏革命文学的介绍。不过，直到高尔基逝世之前，郭沫若都很少提及他。在日本流亡期间限于主客观条件，也仅读过一些日文译的高尔基的《文学论》。1936年6月18日，高尔基去世时，郭沫若尚在日本。当时在日本出的华文刊物《质文》要出悼念高尔基的专号。郭沫若给予了大力的支持。当几位办刊的年轻人到郭家请教

---

①《人文界的日蚀》。

时，郭沫若对高尔基给予了崇高的评价。他说：“高尔基继往开来，真是一代巨人。”不仅肯定了其小说创作在无产阶级文学史上的重要地位，而且对其文学论文，也多有称扬，认为是实际创作经验的总结，站得高，看得远。[①]郭沫若为悼念高尔基，除了参加一些社会性的悼念活动之外，还在《质文》上发表了《人文界的日蚀——纪念高尔基》，并为杨凡所译高尔基《文学论》写了序言，此后又在鲁迅逝世时，将悼念二位革命文学大师的痛切之情凝成为这样一副对联：

方悬四月叠坠双星东亚西欧同殒泪

钦诵二心憾无一面南天北地遍招魂

郭沫若还作《纪念高尔基》《纪念高尔基·二》等诗，表达自己的哀思。在抗战期间的一年一度的纪念高尔基的活动中，郭沫若也都积极参与，时或演讲，鼓励大家学习高尔基、继承和完成高尔基未竟的事业；他有时还爱在纪念大会等公开场合，激情洋溢地朗诵高尔基的《海燕》《鹰之歌》等佳作，感动了许多与会的听众。为了宣传高尔基，1945年，其时担任中苏文化协会研究委员会主任的郭沫若，还约

① 臧运远：《东京初访郭老》。

请几个人合译了《高尔基传》，并为该书撰写了序言。

亲近俄苏是20世纪中国曾走过的一条情感之路和现实之路，表现在文学上亦非常显著，郭沫若在这方面实可视为有代表性的一个人物。

读书之后：序跋及评论

郭沫若是个勤于读书的人，读的书所涉及的品类或学科也较多。其中，古今中外业已正式出版的书自然是他主要的读物，但也有一些是即将出版的书稿，并常常是应了他人的请求，在读后要留下序跋的。在这方面，郭沫若和那些名流大家大抵相似，有了名气，总不免要担当些提携他人、引导读者的责任，于是写写序跋，也就成了他读书（包括书稿）生活中时或要做的一件事情。

就其一生而言，郭沫若除了为自己的著译写序跋之外，也为别人的著译写下了数以百计的序跋。这些序跋的内容相当丰富，有的是为学术著作而写，有的是为文艺创作而写，有的是为翻译的著作而写，这些序跋作为他读后的收获，也可看出他的思想。

郭沫若有位老同学叫漆树芬，是日本河上肇先生的弟子，其号曰南薰，在20世纪20年代上半期曾著有《经济侵略下之中国》一书，该书初由上海独立青年杂志社于1925年10月出版，1951年商务印书馆予以重印。这是一本探讨中国经济改革的书。其基本观点是："我们目前可走的路惟有一条，就是要把国际资本家从我们的市场赶出。而赶出的办法：第一是在废除不平等条约；第二是以国家之力集中资本。如把不平等条约废除后，这国际资本家，在我国便失其发展根据，不得不从我国退出。这资本如以国家之力集中，则竞争能力便增大数倍，在经济战争上，实可与之决一雌雄。"这样的观点与郭沫若的看法非常一致，他曾于几年前便将这种观点向漆树芬谈过。抑或，漆树芬从郭沫若的谈话中得到了启发和激励，对自己的系统思考起到了积极作用，用了数年之力，精心撰写了《经济侵略下之中国》，脱稿后便把书稿送给郭沫若阅读，请其指教并为之作序。郭沫若在序中兴奋地写道："我读了之后，真是惊喜出自望外了。我惊喜的，是现在这样浮薄的学术界，竟有漆君这样笃挚的研究家。我惊喜的，是漆君这样的笃志家，恰好是我十几年来的老同学。我惊喜的，是我自己这一种直观的见解，完全被漆君把真凭实据来替我证明了。"读书能够读出这种"共识"和"惊喜"者实不多见，郭沫若的乐于作序、给予鼓吹自然也在情理之中了。不过当时的郭沫若尚年轻，除了为自己的著译写写序跋之外，很少为他人的书写序跋。创造社同仁中每每有人请他作序跋，他也巧妙地加以拒绝。如创造社编辑出版“创造社丛书”，收有郁达夫的《沉沦》、张资平的《冲积期化石》，二人均请郭沫若为之作序，但他都没有答应，却用心地读书稿并提出了建设性的意见。由此看来，他这次为漆树芬大著作序，算是特别的关照。漆氏还约请徐谦、唐绍仪、吴稚晖、马寅初等人作序，其中只有马氏称忙，未予作序，但建议将书名由原来郭沫若改定的《帝国主义铁蹄下的中国》改为《经济侵略下之中国》，理由是不要使书名“太刺目”。这部著作印行后曾轰动一时，竟列为畅销书，在学术史上亦有相当重要的地位。郭沫若能欣然为这样的书作序，是颇具一定眼光的。

从郭沫若为漆树芬这部三十余万字的著作所写的序中，亦能看出他对政治经济的关切所达到的深切程度。也正是出于这方面的浓厚兴趣，在他的朋友中，自然多有热衷于政治经济的人。郭沫若留日期间认识的杜国庠就是其中的一个。郭、杜友谊深厚，志同道合，不仅在患难中曾同榻共眠，在抗日战争期间曾同在第三厅共事，而且时或切磋学术，讨论问题，互读著作，均能坦诚地谈出自己的意见。后来杜国庠不幸先郭沫若而去，后有《杜国庠文集》（人民出版社1962年版）出版，郭沫若不仅深情地写文悼念杜国庠这位“生死交游五十年”的“老兄”，还乐于“手把红棉读逸篇”，欣然为《杜国庠文集》作序。其中除叙旧谊，回顾往事，也对杜氏学术研究给予了适当的评价。在谈到读杜国庠著作的感受时，郭沫若说："我读他的书是特别感觉着津津有味的，因为除理性的享受之外，还给予我以同生死、共患难的一大段生活上的回味。"

善读书者必善品味，善品味者必善作序跋。郭沫若一生作序跋甚多，这些序跋皆是他善读书善品味的结晶。尽管他在序跋中劝读的书未必都是有价值的书（如《大跃进之歌》），但他费去心血向读者推荐书的热忱和动机，总有令人感动的地方。比如他在《〈苏联历史〉序》中就说过一通"苏联所走过的路正是我们的必由之路"之类的话，而那"读书是有益的事，读有益的书更是加倍有益的事，我希望这部书能够得到广泛的读者"的劝语，似可以作读书格言或序跋警句，为热爱读书或喜欢作序的人们所记取。

序跋中通常都少不了对该书的评论，在上述的序跋中就可以看出郭沫若的有关评论及外烁的情感特征。郭沫若的评论与其创作相仿，情感色彩总是比较鲜明。如其《〈鲁迅诗稿〉序》一文，便以极精练的语言，热烈地称扬鲁迅的诗道："鲁迅先生无心作诗人，偶有所作，每臻绝唱。或则犀角烛怪，或则肝胆照人。如'横眉冷对千夫指，俯首甘为孺子牛'，虽寥寥十四字，对方生与垂死之力量，爱憎分明，将团结与斗争之精神，表现具足。此真可谓前无古人，后启来者。”又如在《论郁达夫》一文中，全无学院派的那种长篇大论、冷静理智的模样，而是以挚友浓情之笔追忆郁达夫，再现郁达夫鲜明的个性，使人从认识“这个人”进而去认识他的文学世界。

带着热烈的情感去评说作家作品，写出来的东西必然多是“热乎乎”的读后感式的评论，这样的评论也许很难称得上严谨、审慎、中肯，但却总有一种难得的真挚动人的魅力。读他的《〈夜行集〉序》《叶挺将军的诗》《关于曹禺的〈雷雨〉》《〈板话〉及其他》《读了〈李家庄的变迁〉》《〈新儿女英雄传〉序》等文时，都会被那字里行间充溢的热烈感情所感染。读过作品的人会由此得到又一次的熏陶，加深对作品的印象；没读过作品的人会由此受到“煽动”，恨不得马上去找来作品阅读。

当然，郭沫若的读后感式的评论多带有即兴为之的特征，难得有很深刻、系统的篇什，这一点即使可以视为是缺陷，也是与郭沫若的个性及优势的特点相联系的。

谈读书

1948年8月9日，其时尚在香港的郭沫若应报刊编辑之约，写了一篇题为《我的读书经验》的文章，发表在1948年8月19日的《华侨日报》上。这是当时年届57岁的郭沫若对自己读书经验的总结，旨在对读者（尤其是青年学子）能有一些参考的作用。

郭沫若认为，读书的目的不同，读书的方法也就会有所不同。为学习而读书，意在习得技艺本领等，教科书便不能不读，不读便不能毕业。此间相对自由的阅读也是广义的学习，对提高素质有助益，这时就要很好地利用图书馆；为研究而读书，是治学性质的读书，对相关的图书资料应尽可能地全都搜罗起来，读熟、读透，应有耐心，即使不喜欢的东西但对研究有用，也要翻来覆去地读，这样方能有周详恰当的看法，形成观点，推出成果；为创作而读书，则要求广泛地阅读古今中外的一些名家名作，既了解名作之妙，又了解作家创作的情况，对著名作品的深入阅读，往往可以触动自己的创作灵感，并从中汲取许多有益的启示；为愉悦而读书，即带有消闲性的读书，那些文体轻松的书、插图多的书，在闲暇时读来确可以使人忘却疲劳而增进兴趣，但要警惕不良的书；为教育而读书，是教师职业上的一种要求，不仅要为准备讲义而“渔猎”，而且还要研究问题，尤其是大学教授们的为教育而读书，便不能满足于传达已知，更要谋求学术上的“精进”。

郭沫若在许多场合或文章中都经常谈到读书问题。有时还会与他人的读书观点发生龃龉，比如他与林语堂的一次“冲撞”便是一例。

1944年林语堂从美国返回国内，年底曾应当时重庆中央大学之请去作了题为“论东西文化与心理建设”的演讲，其中谈到“读中国书”的问题：

现在中国思想是混乱的状态。外国文化，且不必说，本国文化也难有真知灼见的认识。但没有真知灼见的认识，对本国文化的自信心就不能建立。举一例，以前鲁迅说中国书看得教人昏睡，外国书看了就抖擞精

> 神。……左派作家说中国书有毒……《三国》《水浒》忠孝节义的话都有毒，一味抹杀固有文化的理论，……这种愤激之论，不能称为认识，只能称为迎合青年心理。何以言之？今日青年，或者未读古书，于心有疚。你告诉他，古书读不得，因为有毒，岂不是使青年对自己说，幸哉我未读古书，幸哉我未中毒。《论》《孟》读也未？未也。于是恭喜！

林语堂的演讲词发表后，其中关于谈读书的意见的言论，有人称切中时弊，有人称“老调子还没唱完”。在批评林氏的人中，郭沫若又打了头阵。他批评林语堂叫青年读古书，自己却连《易经》也看不懂，而英语也不好，等等。这批评自然惹恼了林氏。林氏在记者采访时回击：“郭沫若的文章，根本是歪曲的，谩骂的。他们那般人，天天劝青年不要读古书，说古书有毒……其实他们还不是天天看线装书么？……至于读《易经》，郭沫若也是读的，我林语堂也是读的。我林语堂读了不敢说懂，郭沫若读了却偏说懂，我与他的分别是这一点。”

据实来讲，在某些阶段应大力提倡“拿来主义”，引导青年及广大读者多涉猎外国先进文化；在某些阶段则应竭力弘扬中国文化的优良传统，引导青年及广大读者多了解本国固有的文化遗产。这大约是历史转型期的必然现象，无须惊诧的。自然这种因时因地因人而各有侧重的读书主张并非“理想”，看上去总好像有些偏颇有些极端。从理论上讲，确实应该强调既多读外国书也多读中国书，“两读”都要多，都要好，中外融通，别出新机，岂不最妙、最好？然而事实上这很难同步达到，抑或要求同一个人达到。

从这种意义上来看郭沫若、林语堂的读书主张，则不必扬此抑彼；对二人在情绪激动中的相互指责甚至是对骂，也可以“悠然付一笑”了。

“图书馆里去挖煤”

爱读书、嗜学术的人很难离得开图书馆（或图书室等），郭沫若亦然。他在1959年9月5日为北京图书馆曾写《题〈图书馆学通讯〉》一诗，云：

图书本是心条理，更将条理化图书。
客观事汇凭登录，遗产菁英赖蓄储。
归类别门成秩序，节时省力有乘除。
良田亩产千斤稻，此与农耕并不殊。

在诗中，郭沫若对图书馆的功能与作用给予了高度的概括，具有哲理意蕴。这种对图书馆的深切认识实际也来自他长期与图书馆的结缘。

郭沫若在国内求学阶段很少与图书馆打交道，直到留学异国，图书馆才成为他读书生活中尤为感到亲切的地方。在这里，人类的文化遗产得以荟萃，万千学子在这里得到知识的滋养。郭沫若在日本冈山求学时，最喜欢去的一个地方便是冈山县立图书馆，在这里他读到了大量的书，对泰戈尔、歌德、海涅、斯宾诺莎、加皮尔等外国文学家、思想家的著作尤其产生了很大的兴趣。他曾在诗中将往图书馆读书喻为去“挖煤”，采取精神的燃料。他在《女神·无烟煤》一诗中写道：

“轮船要煤烧，
我的脑筋中每天至少要
三四立方尺的新思潮。”
…………
云衣灿烂的夕阳
照过街坊上的屋顶来笑向着我，
好像是在说：
“沫若哟！你要往哪儿去哟？”
我悄声地对她说道：
“我要往图书馆里去挖煤去哟。”

在冈山图书馆，郭沫若是个出色的“挖煤”的矿工，到了福冈，升入了九州帝国大学医科，仍然是个“挖煤”的优秀的矿工。无论生活多么艰苦，勤于读书总是他生活中最主要的内容。1918年，郭沫若初到福冈时住在一家当铺的仓库的楼上，低矮狭小，室内除了几件简陋家具，到处堆的都是书，连席上、矮桌上都是书。在这样的家中读书虽可坚持，却并不轻松愉悦，他显然更喜欢到图书馆去读书，有时甚至宁愿到书店里去“立读”。九州的福冈是个大城市，灯红酒绿、声色犬马，不少留学生在此恣纵逍遥地混日子，但郭沫若却绝不讲吃喝玩乐，一心埋头读书，连星期天也很少休息，而是去图书馆看书。

“我要往图书馆里去挖煤去哟！”这实是青年郭沫若的一句自勉之诗。

人到中年，郭沫若从政治革命的惊涛骇浪中退身出来，复至日本，将主要精力转向了治学。而这更需要倚重图书馆，不仅是“挖煤”寻求精神营养，而且更求“淘金”以致有所创造了。他开始在诸家图书馆之间奔走，上野图书馆、东洋文库、东京大学图书馆以及京都大学图书馆、静嘉堂文库等，都为郭沫若的学术研究提供了帮助。尤其是东洋文库中的有关书籍，可为郭沫若独享，大大方便了他的研究。更兼有国内一些朋友的帮助，郭沫若遂能将地面上的图书馆和“地下图书馆”（郭沫若语，指考古出土资料）密切地相互参证，得以成功地将古文字学和古代史的研究结合起来，从而开拓出新的学术思维空间，取得新的研究成果，诸如《中国古代社会研究》《甲骨文研究》《卜辞通纂》《两周金文辞大系考释》《殷契粹编》等，均可证其大学者形象。

后来，郭沫若也渐入老境。虽然还写文写诗搞研究，但却少跑图书馆了，有时需要，也请人代跑。不过，由于长期得益于图书馆，有着深切的记忆犹新的“挖煤”和“淘金”的体验，所以他对图书馆依然一往情深，愿以自己的力量去加强图书馆的建设。1948年秋，一些名流提议成立韬奋纪念委员会，由沈钧儒任主任委员，并决定办一个韬奋图书馆。郭沫若闻讯，即书贺联一副，曰：

韬略终须建新国
奋飞还得读良书

建国与读书之间的关系，由此联语即可见出是多么密切，其间足见知识就是力量、科教兴国之意。1956年初，郭沫若在全国政协第二届委员会第二次会议上的报告中亦曾强调：“要为科学研究准备一切应有的条件，如图书、资料、仪器设备、科学情报、研究助手、研究机构等。”[①]正是由于他对图书的高度重视，他常借外出之机，视察各地的图书

① 《在社会主义革命高潮中知识分子的使命》。

馆，并常为一些图书馆写诗题词。，如为广东中山图书馆题词，云：

蠹鱼成脉望，学海问津梁；
卷破神如有，人文蔚耿光。

其意在启迪读者，读书应灵活，应注意方法，在多读多思中，寻求文化上的创造，使人文精神放射出耀眼的光芒。到了国外，郭沫若也常“光顾”图书馆，并时有好的题词。如访东京图书馆时题曰：“十八年后我重来，福地琅环浩如海，文化交流责有在。”又如为李约瑟筹建的剑桥东亚科学史图书馆题词：“科学为人类精神之最高发展境地，科学家生活无殊于古之圣者，世人以物质文明菲薄之，皮相之至。”这样的题词，或表示献身于文化交流，或鼓励人们献身于科学研究，其间洋溢着的是一种崇高的人文精神。

这种精神也体现在郭沫若对图书馆的捐赠上。如果说当年在他离开冈山时将心爱的《陶渊明集》《庾子山集》送给冈山县立图书馆还称不上自觉的行为的话，那么他于1925年8月向学艺图书馆捐赠中文图书55册，则是完全自觉的行为，其时他任上海学艺大学文科主任，并主持学艺图书馆工作。20世纪40年代，为了纪念陶行知，扶助其创办的重庆北碚育才学校，郭沫若不仅亲临该校进行指导，还在携家赴京之前，将许多不拟带走的图书都捐赠给了育才学校图书馆。到北京后，郭沫若曾多次将一些图书资料送给北京图书馆。此外，他在访苏时，曾将自己所著的《卜辞通纂》《两周金文辞大系》《石鼓文研究》等书赠送给苏联科学院，藏于该院图书馆中；访日时曾将自己流亡日本时的一些作品、书籍、拓片等赠给中日文化研究所，该所所长鹿地三郎表示要建立“郭沫若文库”，郭沫若则建议成立大的图书馆。后来在中日双方的共同努力下便建成了亚非图书馆，“郭沫若文库”就设在这个图书馆的中国室内，成了中日文化交流的一个永久的象征。

郭沫若与出版社

读书多的人，到了编书或写书的时候，便少不了要和出版社打交道。郭沫若自然也不例外。

他初始与出版社打交道并不顺利。初至日本留学不久，郭沫若便爱上了泰戈尔的诗歌。读了许多，便产生了向国人译介泰戈尔的想法。加之做了父亲，家庭生活的经济压力也促使他去编译书以求换取面包。他很快编译成了一本《泰戈尔诗选》，寄给商务印书馆，被拒出版，又寄给中华书局，也未被接受出版。原因固然有泰戈尔当时在中国尚未成名，更重要的怕是编辑先生未看上名不见经传的“郭沫若”本人（彼时署的名字当是“郭开贞”）。在《泰戈尔诗选》碰了钉子之后，郭沫若心犹不甘，于次年又编译了《海涅诗选》，寄回国内出版社请予出版，但结果是又碰了钉子，这次连书稿也不知弄到什么地方去了。

郭沫若受到出版社的“青睐”，始于他与上海泰东书局的合作。1921年4月初，他与成仿吾同船抵达上海，受到了泰东书局经理赵南公的欢迎，并安排他俩住进书局的编辑所中，但未给他们明确的职务。成仿吾原是被通知聘为书局的文学主任的，如今也搁置不提，因为文学主任的位子已被人占了。闲居有如做客，寄人篱下的滋味并不好受。成仿吾便决心到长沙去另谋出路，让郭沫若留在泰东以待机会。当时，郭沫若已是较有影响的诗人了，赵南公心知肚明，这是一个可以利用的人才，其诗作也有较好的经济效益和社会效益。于是他同意郭沫若将自己的诗篇（包括诗剧）编辑出版，这样便有了《女神》。几乎同时，郭沫若将他与钱君胥合译的施笃谟（现多译为施托姆）的《茵梦湖》也交由泰东书局出版。两书均以“创造社丛书之一”的名义出版，赢得了读者的喜爱，一版再版，成了颇为风行的好书。书局老板于是更加信任郭沫若，主动约请他标点元曲。郭沫若则为求新异，采取西洋歌剧形式将《西厢记》改编标点，并写了长文评论王实甫及其《西厢记》。此书未与泰东书局老板的意图契合，改由上海新文艺书社出版。在与泰东合作期间，虽然并非始终轻松愉快，但总的来看，泰东书局对郭沫若及其创造社同仁的支持确实是很大的。其中一个突出的标志，便是支持办创造社的重头刊物《创造》季刊。为了办成此刊，郭沫若还专程返回日本组稿、策划，充分调动了创造社同仁的积极性；为了办成此刊，泰东书局也积极配合，甚至停止出版另一刊物《新晓》，而倾力支持《创造》季刊。《创造》的成功问世将异军突起的创造社推到了广大读者面前，同时，郭沫若的知名度也借助团体的力量有了新的提高。后来，创造社自己有了出版机构，郭沫若写的书在出版上就更有了保障。如果说此后在出版著作方面又遇到了某些困难，那是在他流亡日本的初期，他初涉古代史和文字研究，学问太专门，身份又特别，加之尚属新手，原来的“名牌效应”难以发挥，于是出书又遇到了一些麻烦，但不久，在国内友人和日本友人的帮助下，便也得到了解决。

及至重返国内，郭沫若成了继鲁迅之后的又一面“旗帜”，他成了名副其实的风云人物。他写的东西不仅有地方出，而且出版社在争他的文章出，并常以能出版郭沫若著的某某书而感到骄傲。这种出书的相对容易既给郭沫若提供了方便，但也促使他“爱惜羽毛”，不能随随便便就出书了。同时，也使他有了涉足出版界乃至领导其发展的机遇。这里仅以他与群益出版社及其后的新文艺出版社、上海文艺出版社为例，简略说明他与出版社的密切关系。

20世纪40年代初，在重庆的郭沫若寻求广泛支持，尤其是得到了党组织和亲友的支持，组成了群益出版社，以期推动大后方的文化建设。后来又在上海等地建立了分社。抗战胜利前夕，出版社改为公司，郭沫若出任公司董事长。群益出版社出版了不少好书，其中郭沫若的著译占有相当大的比例，有些曾在其他出版社出过的书，为应社会需求也在群益出版社重出重印。其中的《十批判书》《中国古代社会研究》《青铜时代》《屈原研究》《屈原》《南冠草》《筑》《羽书集》《浮士德》《少年维特之烦恼》《石炭王》等，集中显示了郭沫若多方面的成就。后来，郭沫若出任政务院副总理等重要职务，工作极为繁忙，但他仍然关心着群益出版社的发展，在他的支持下，由群益出版社发起联合了其他出版社，成立了规模相当宏大的新文艺出版社。郭沫若在欣慰之余，记起了他原为群益出版社写的题词，云：

文化之田，易耨深耕。
文化之粮，必熟必精。
有益人群，不负此生。

这里表达的是他创办群益出版社时确立的“群益精神”，这既是出版社应该承担的使命，也是每一位出版工作者应该承担的使命。这一题词对当时之群益出版社、新文艺出版社有指导意义，在今天亦是。为了扶持新文艺出版社，郭沫若将《抱箭集》《沸羹集》《革命春秋》《地下的笑声》《天地玄黄》等著作交由该社出版或重印。

新文艺出版社后更名为上海文艺出版社，出版了大量的精熟而益群的书籍。其中包括一些郭沫若的著译及研究郭沫若的著作。如《郭沫若论创作》《郑成功》《郭沫若纪游诗选注》等，是郭沫若著作的新编或新版；《郭沫若的诗》（楼栖）、《试论〈女神〉》（陈永志）、《郭沫若思想整体观》（陈永志）、《情绪：创造社的诗学宇宙》（朱寿桐）等，是研究或主要研究郭沫若的学术著作。还有关于郭沫若的资料性、工具性的书，如《郭沫若著译书目》《〈郭沫若文集〉未收文章目录》等。在该社出版的论文集、资料集及学术期刊中，也多发表有涉论郭沫若的文章。抑或，上海文艺出版社所做的这些，也可以算是对本社前身之元老郭沫若的一种纪念。

不过，就出版郭沫若著作及研究著作的力度而言，北京、四川两地的出版社较上海的出版社要大一些，卷帙浩繁的《郭沫若全集》（38卷本）以及为纪念郭沫若百年诞辰出版的一系列书籍，都特别引人注目。

文学老编辑

郭沫若从事的文化活动很多，涉及了许多领域许多方面。其中，作为一个编辑家，一生中编辑的各类刊物和书籍，其数量和质量也都是很可观的。与其相应，大量的编读、校读便成了他的读书生活中的一个突出的方面。

这里主要介绍他从事文学编辑的一些情况。

郭沫若比较自觉地想编文学刊物，是在1918年，彼时他想："找几个人来出一种纯粹的文学杂志，采取同人杂志的形式，专门收集文学上的作品。不用文言，用白话。"[①]在酝酿期间，结识了一些朋友，先编了一个小小的同人杂志，名为*Green*，手抄本，仅出两期，但却为创办正式文学刊物

① 《创造十年》。

积累了经验。时至1921年6月8日，创造社宣告成立，并议定创办《创造季刊》。在此刊出刊之前，郭沫若即着手编《创造社丛书》，第一种即为他本人的《女神》诗集，1921年8月由上海泰东书局出版，引起了轰动效应。这些促使他更加紧编辑《创造季刊》，修改、选择稿子，力求保证创刊号的质量，为此花费了大量心血。待基本编定后方移交给郁达夫，自己返回日本，不过仍遥领编务，做一些力所能及的工作。如为《创造者》撰代发刊词，为这初生的刊物放声咏唱。他在编《创造季刊》一卷二期时，还写下了很有感召力的《编辑余谈》，使许多有才华的文学青年读之动心动容，欣然加入创造社或积极投稿。郭沫若有时会为编辑此刊而在中日两国之间奔波，灯下编校和写作更是倾注了他的大量心血。当《创造季刊》引起广泛而强烈的反响时，"创造"欲望极强的郭沫若又感到季刊难以满足广大青年读者的要求，遂着手创办《创造周报》，发刊时也写了诗体的发刊词《创世工程之第七日》。接着又与同人合议办了文学副刊《创造日》，显现出了极大的办刊热情和很高的编辑水平。正是由于郭沫若将办刊、编辑视为创造社的"生命"或"阵地"，他投入了巨大的热情和精力，很快便促使创造社进入了兴盛时期，在中国新文学史以及编辑史上，写下了光辉的篇章。

伴随着创造社向后期的转换，创造社前期的刊物相继停刊，并由《洪水》《创造月刊》《文化批判》等刊接续，虽然郭沫若对这些刊物的具体编务过问不多，但他作为创造社的核心人物，对这些刊物的编辑思想、编辑工作还是起到了重要的影响。不仅如此，即使是创造社成立的出版部也多赖郭沫若的筹划和指导，才得以顺利地展开业务。在创造社出版部第一次理事会上，郭沫若被选为创造社总社第一届执行委员会总务委员和出版部总部第一届理事会主席，便很能表明他在创造社整个事业（包括编辑业务）中的重要地位。事实上，正如郭沫若自己所说："自然我也过问过创造社本身的业务。""我是爱护创造社的，尤其爱护创造社在青年中所发生的影响，因此我想一面加强它，一面也要为它做些掩护的工作。"[①]郭沫若还将自己的作品和译著主要交由创造社的刊物或出版部发表、出版，这也是对创造社编辑业务的一个强有力的支持。

除了创造社的编辑工作之外，郭沫若在社外也从事了一些编辑活动。四川的《草堂》得到过他指导性的书信；丙辰学社将他选为学艺丛书委员会委员；中华学艺社任命他为总事务所编辑科干事；参编或主编过《鹃血》《革命日报》等。

大量的编辑活动使郭沫若积累了丰富的编辑经验，并使他养成了关心报刊、分析报刊的思维习惯。比如在他流亡日

① 《跨向东海》。

本期间，为了生存，曾去请求一位日本大众文学作家村松梢风的帮助，村松也邀郭沫若为其编辑的刊物《骚人》写稿，然而郭沫若分析该刊带有封建性，创作的路数导源于中国明清的章回小说，因此未给该刊写稿。又如在1936年，郭沫若尚在日本，有一天他收到《东方文艺》杂志，翻阅之后便看出了该刊的优劣：其内容充实，编辑较精心，但印制质量差，编辑经验还有不足等。由此还引发了他关于编辑刊物的一大段议论：

> 编制一种刊物等于在做一种艺术品，印刷是不可不讲究的。即使印刷差得一点，编辑者的经验如充分，也多少可以补救。内容的配置，排比，权衡，不用说要费一番苦心；就是一个标题的宽窄，一条直线的粗细，都要你费一些神经的歆动。要有一个整个的谐调，一个风格，然后那个刊物才是一个活体。内容就平常得一点，就如家常便饭而弄得洁白宜人，谁都会高兴动箸。但如桌椅既不清净，碗盏又不洁白，筷子上爬着苍蝇，酱油里混些猪毛，大碗小盘，热吃冷吃，狼藉在一桌，不怕就是山珍海味，都是不容易动人食兴的。编辑者除尽力拉稿选稿之外，对于编辑技术是应该加倍地用点工夫。这倒不是专为《东方文艺》而言，我觉得国内有好些刊物，说到编辑技术上都不能及格。新出的刊物以《译

文》《作家》两种的编辑法为最好。在日本出的《杂文》《质文》也还可观。

郭沫若的这番兴致淋漓的议论，显然凝聚着一位“老编辑”的可贵的经验。由此表露的编辑思想，即使对今天的编辑者来说，依然有启示意义。而那些“编制一种刊物等于在做一种艺术品”，“要有一个整个的谐调，一个风格，然后那个刊物才是一个活体”等话语，简直可以视为编辑学的格言警句与编辑者的座右铭。

抗战爆发，郭沫若潜回国内，全身心地投入到抗日宣传工作之中。创办报刊即是其中重要的一件工作。1937年8月，在上海创办《救亡日报》，并担任该报社长，为该报题写了刊头，写了不少作品，对实际编辑工作也提出了许多指导性的意见。由于有他的卓越领导，《救亡日报》产生了巨大影响，特别是郭沫若主张多发战地通讯和特写方面的稿子的做法，受到了广大读者欢迎。与此同时，郭沫若还积极参与《抗战文艺》的编务工作，经常出席《抗战文艺》编委会的座谈会，发表意见。他还在重庆创办了群益出版社和《中原》杂志，积极宣传抗战和从事文化建设。他在抗战期间，虽然较少躬行具体的编务，但对编辑事业的关心和支持却显然超过了以前。许多刊物都希望得到郭沫若的支持，纷纷邀他加盟、指导或题词、赐稿，在这方面，郭沫若也费去了不少精力——这显然不是一般的应付，而是一种特殊的“编辑工作”。

1949年后，像这样的特殊的“编辑工作”郭沫若依然做了许多。或者更因他社会地位的提高，对书刊编辑的影响增大了，其间对《人民文学》《诗刊》等文艺刊物的关心支持，也令人难以忘记。当然，他热心编《红色歌谣》以及一些学术书籍，也很难让人忘却。

读书著书，编报编书，郭沫若为此劳心费力，尽管有失误，但其功劳苦劳是应为后人所记取的。

读改己作

1937年秋，郭沫若刚从日本潜回中国不久，就积极投入了抗日宣传工作。他写了一些鼓动性的诗篇和纪实性的报告文学。同时，他还选取《女神》中短小的诗剧《棠棣之花》加以改写，使其注入新时代的内容，亦即主张团结抗战。如聂政原来的诗化的台词修改为："这几年来常常闹着内战，今日合纵，明日连横，今日征燕，明日伐楚，我不知道他们究竟为的是什么。其实我们的敌人不在中国内部，是在中国外部的。我们中国人把外部的敌人丢掉，时常自相屠杀，将来怕只好同归于尽吧。"如此修改，的确强化了即时性的宣传作用。但亦如改唐诗名句为广告用语，实用性方面的考虑显然大于艺术本身的考虑。郭沫若当时修改用的《女神》版本是上海泰东书局1930年出版的第10版的本子，上印有郭沫若自己的章子，系他个人的自用本。除用钢笔在书上修改外，改动多的地方还加贴了字条，以便清晰地标明修改的地方。有的错别字也随手作了修改。据阿英（钱杏邨）回忆，1937年底，郭沫若离沪往香港时将这个修改本交给他，托他设法刊印出来。旋因纷乱的战事和人事，未能印出，而当阿英离沪时也未能将这个修改本带走，将它与存留在沪的许多书籍放在一起。这些书在战火中大多都流失了，庆幸的是，修改本《女神》却在1965年转移到了阿英的手里，他兴奋地将这个消息告诉了郭沫若，二人相约，待有空闲时一起细看。谁知道后来在“文革”中书被抄走，有了空闲却读不到此书了。“文革”后的平反，使阿英重获其个人藏书，从中又发现了那本薄薄的《女神》。但无论是郭沫若，还是阿英，都因病重而再难有兴致细阅《女神》的修改本了。不过比较而言，无论是研究者还是一般读者，都更看重《女神》的初版本。

郭沫若在《女神》问世后，不仅对其中的《棠棣之花》进行了修改，而且对整个诗集都时有修改调整。就其主要版本而言，其中有两次修改、调整的幅度较大。一次是收入《沫若诗集》，作为创造社丛书第21种由上海创造社出版部1928年6月出版。该诗集是《女神》《星空》的合集，《女神》部分，有较大的修改和调整，除了细读细改诗句之外，还删去了几首诗，即《序诗》《无烟煤》《三个泛神论者》

《太阳礼赞》《沙上的脚印》《辍了课的第一点钟里》等。从这些修改和调整中，可以看出作者试图“作一自我清算”的精神。有的是思想内容方面的修改，字句、段落乃至删诗往往都与此种考虑有关；有的是诗歌形式方面的修改，从艺术性上的考虑入手，润色加工；有的修改幅度很大，如《凤凰涅槃》的最后一部分，“凤凰和鸣”原初版本中有15节，显得相当拖沓冗长，到了《沫若诗集》则精缩为5节，在音韵效果上有了很明显的提高。

另一次是1953年1月由人民文学出版社出的修订本。1949年后，郭沫若对《女神》作了修订。除了字句上少量的修改之外，还删去了在当时认为情调上比较消极、颓废的《夜》《死》《死的诱惑》等诗作。

在最初编辑《女神》时，郭沫若常对自己发表于报刊上的诗加以收集、读改，费去精力颇多，这确保了《女神》诗集的整体质量。而此后仍时时关注着这本诗集的命运，经常利用再版、重印的机会，加以修订，使其臻于完善。当然，其间也有少量的修改不够成功，理念上的考虑大于艺术上的考虑是造成这种现象的主要原因。

除了诗的修改，郭沫若在史剧创作上也屡有修改。他的《屈原》，写时非常顺利，灵感涌发，数日即成。但此后的断断续续的修改却很多。他能够广泛地听取意见来修改剧本，不仅听取作家、评论家的意见，对导演、演员的意见也择善而从。其中有个“一字师”的故事很能见出郭沫若的虚怀若谷。

《屈原》上演好几场了，郭沫若总抽时间去观看。有一次演出之前，他到后台和饰婵娟的张瑞芳谈到婵娟斥责宋玉的一句台词：

“宋玉，我特别地恨你。你辜负了先生的教训，你是没有骨气的文人！”

郭沫若说：“在台下听这话总觉得有点不够味，似乎可以在‘没有骨气的’后边再加上‘无耻的’三个字。”

扮演钓者的演员张逸生正在旁边化妆，听了郭沫若的话便插口说道：“‘你是’不如改成‘你这’。‘你这没有骨气的文人！’，那就够味了。”

听了此话，郭沫若觉得这一个字真是改得非常恰当。于是照改，演出时确增强了效果。

郭沫若在1948年趁《屈原》改版之机，又仔细校读了一遍，还把第四幕的末尾整个修改了。到了1953年出《屈原》新版，又作了一些比较重要的修改，并在《新版后记》中做了说明。

1960年3月23日，郭沫若为了修改好历史剧本《武则天》，特地到西安游览唐高宗与武后合葬墓乾陵等古迹，以期从感性上多了解武则天。他仔细地考察了乾陵及其周围的文物古迹以及地理环境，尤其对陵前石人群像和无字碑产生了浓厚的兴趣。同时他还产生了这样的揣想："……有一大批真实史料，我相信还藏在乾陵里面，目前还无法接近。……武后死时的陪葬品是怎样，不得而知。但毫无疑问会有不少的书籍保存在墓里。说不定武后的《垂拱集》百卷和《金轮集》十卷还可以重见天日。说不定武后的画像、武后和上官婉儿等所手书的真迹也会呈现到我们的眼前。"①

1949年后，郭老在新的历史条件下，读了不少新书，产生了不少新的想法，便对他早期所著的《中国历史研究》《十批判书》等史学著作中的某些内容及观点也进行了修正。其中有些充实和改动对原作有所增益，并体现出了能够自我反省、批判的严谨的治学精神，但其中也有一些地方加浓了"教条"语调和极"左"色彩，这也是毋庸讳言的。

① 《我怎样写〈武则天〉》。

“一万年太久，只争朝夕”

郭沫若早在国民革命时期的广州就认识了毛泽东，并留下了相当深刻的印象。此后由于工作上的关系也曾有过一些联系，相互了解有所加深，但直到抗战时期，郭沫若与毛泽东的关系才渐趋密切。郭沫若在1938年1月作的《陕北谣》中有“陕北陕北太阳红，救救祖国出牢笼”的句子，表达的是心中之向往、赞美和希冀；毛泽东在1939年7月郭父逝世时，曾在挽联的下联中称“哲嗣乃文坛宗匠，戎幕奋飞，共驱日寇，丰功勒石励来兹”，表达的是称扬与鼓励。此时的郭沫若、毛泽东彼此投桃报李，缘分渐深。

20世纪40年代中期，两人有了更多的直接联系，书信往来较为频繁，更有相见和诗赠物之举。毛泽东在1944年1月9日致郭沫若信中说：“收到《虎符》，全篇读过，深为感动，你做了许多十分有益的革命的文化工作，我向你表示庆贺。”1944年8月下旬，郭沫若在收到从延安捎来的《屈原》和《甲申三百年祭》的单行本之后，给毛泽东等人写信表示感谢。同年11月21日毛泽东致郭沫若信，亲密陈词：“大示读悉。奖饰过分，十分不敢当；但当努力学习，以副故人期望。”并充分肯定了郭沫若的《甲申三百年祭》及史论、史剧。郭沫若接信后备受鼓舞，在宣传毛泽东在延安文艺座谈会上的讲话精神方面也尽心尽力。1945年8月底，毛泽东赴重庆谈判，与郭沫若多次相聚，除话旧叙事之外，郭沫若见毛泽东用的是一只旧怀表，便将自己的手表送上，毛泽东欣然接受。同年11月14日，毛泽东《沁园春·雪》在重庆发表，一时轰动，唱和之词较多，亦有讽刺性的词出笼。郭沫若当仁不让，挺身而出，护毛泽东词，斥诽谤，步毛泽东词韵写了两首，其二云：

说甚帝王，道甚英雄，皮相轻飘。看古今成败，片言狱折；恭宽信敏，无器民滔。岂等沛风，还殊易水，气度雍容格调高。开生面，是堂堂大雅，谢绝妖娆。

传声鹦鹉翻娇，又款摆扬州闲话腰。说红船满载，王师大捷；黄巾再起，蛾贼群骚。叹尔能言，不离飞鸟，朽木之材未可雕。何足道！纵漫天迷雾，无损晴朝。

其后不久，郭沫若又从心中飞出了“凤飞岐山岭，衔环献毛公”[①]之类的颂诗，矢志忠诚的意愿已经溢于言表了。

1949年后至“文革”前，郭沫若与毛泽东的政务接触、书信往来与诗词唱和更趋频繁，互通款曲也相当及时，应该说进入了某种特殊的“蜜月期”。那幅摄于1949年3月25日的郭沫若与毛泽东亲切交谈的半身照也许可以视为特殊的历史见证。其时郭沫若到西苑机场迎接党中央和解放军总部迁至北平，与毛泽东相见，非常高兴，来自胜利的欢悦洋溢于他们的脸庞。从此，郭沫若放开歌喉，颂扬毛泽东便成了他诗文中最常见的一个主题，如：“光明磊落，领袖雍容。/江河洋海流新颂，/昆仑长耸最高峰。”[②]“在毛主席的领导之下，应该用全生命来/保障着我们的笑，笑到大同世界的出现。”[③]“毛泽东的旗帜迎风飘扬，/人民的欢呼声来自四面八方……/万岁毛泽东，/万岁中国共产党！”[④]“……机内和机外有着两个太阳，/不倦的精神呵，崇高的思想，/凝成了交响曲的乐章。”[⑤]这些诗，直接表明郭沫若的心萦神系、倾心崇敬。这种情感意向自然也表现在他对毛泽东诗文的态度上，尤其是对毛泽东的诗词，敬佩之

① 《金环吟》。
② 《新华颂》。
③ 《鲁迅笑了》。
④ 《毛泽东的旗帜迎风飘扬》。
⑤ 《题毛主席在飞机中工作的摄影》。

余，每有唱和，其乐也融融。可以说，读毛泽东著作，尤其是其发表的诗词，成了郭沫若之后生活中的一大乐事。有两首《满江红》，颇能代表他读毛泽东著作与诗词的强烈感受——

满江红（1963年元旦书怀）

（其一）

沧海横流，方显出，英雄本色。人六亿，加强团结，坚持原则。天垮下来擎得起，世披靡矣扶之直。听雄鸡，一唱遍寰中，东方白。

太阳出，冰山滴。真金在，岂销铄？有雄文四卷，为民立极。桀犬吠尧堪笑止，泥牛入海无消息。迎东风，革命展红旗，乾坤赤。

此词初发表于1963年1月1日《光明日报》，收入《沫若诗词选》时曾特别加了点明题旨的题目《领袖颂》。郭沫若还将此词恭送毛泽东，毛泽东欣然之余，作《满江红·和郭沫若同志》答之，诗词相酬，曾传为佳话。

满江红（读毛主席诗词）

（其二）

充实光辉，大而化，空前未有。经纶外，诗词余事，泰山北斗。典则远超风雅颂，阶级分清敌我友。沁园春，水调有歌头，羌无偶。

嫦娥舞，瘟神走。梅花笑，苍蝇抖。今史诗将使，地天恒久。宝剑擎天天不堕，红旗卷地地如绣。济同舟，万国尽朝晖，新宇宙！

此词写于1963年12月5日夜，与上首《满江红》遥相呼应，一为岁首颂领袖、颂“雄文”之作，一为岁尾颂领袖、颂诗词之作。

及至毛主席逝世，鉴于曾有的深情厚谊，郭沫若不禁老泪纵横，挥笔写下了《悼念毛主席》七律二首，后又有《满江红·怀念毛主席》《纪念毛泽东诞辰》等诗词。苦涩之中而仍赤心不改，这就是晚年的郭沫若。

以书会友

在郭沫若交友的圈子中，也少不了互相赠送书籍，也少不了“以书会友”而来的“友情阅读”。

赠书，是文人间的雅事。“君子之交淡如水，秀才人情一本书。”偶有一本书赠给友人，在读书人自己看来，这是“最拿得出手”的“礼物”了！

郭沫若一生中无论是赠人还是受赠书籍的事情是很多的。有许多没记载下来，有记载的，也很零碎。这里相对集中地采撷一些，读者从中可以窥见郭沫若“以书会友”的情形。

每当自己有新著问世，作为作者或译者的郭沫若都不免有些激动，高兴之余，便是将它们分赠好友，让他们分享自己的快乐。

1928年2月2日，郭沫若携夫人安娜往内山书店，给内山先生送上一册他译的《浮士德》，接下来又去创造社办公的地方，取来《浮士德》三册，以备送人。次日，内山先生给郭沫若送来葡萄酒两瓶，祝贺《浮士德》的出版。2月4日又与安娜同行，赴心南处，赠以《浮士德》一册，当即得到回赠一册《中国文学研究》。2月8日上午，斯励到郭沫若家中拜访，郭沫若赠《浮士德》一册。

1934年7月9日，郭沫若给当时在成都华西大学古物博物馆任职的林名钧写信，为了感谢林与葛维汉给他寄来的资料，郭沫若通知有关出版社或书店将他的近著送给博物馆和葛维汉，并且明确表示说："将来我出版任何书籍，我会送给你们的。"

郭沫若在重庆时，曾结识了从沦陷区逃来的高耀山夫妇，对二人深表同情并结为知己，为引导这对青年夫妇，郭还送过几本革命的文艺书刊给他们，并签上了自己的名字。

1932年10月30日，郭沫若以化名"王假维"给文求堂主人田中庆太郎写信，嘱"请将拙著《金文丛考》一部寄交北平西单牌楼察院胡同29号何叙甫先生为祷"。

1972年4月27日，郭沫若曾将自己毕生最后一本学术著作寄赠给王国维的儿子王登明，并在信中肯定了王国维的学术贡献。在此前后，他还将《李白与杜甫》送给了不少朋友。

郭沫若晚年生病住院期间，曾嘱夫人于立群将自己新出的《沫若剧作选》送给著名演员金山，该书中的《屈原》等剧作使金山想起了当年上演《屈原》的难忘岁月。

1945年，郭沫若应苏联科学院的邀请，去苏联参加该院成立220周年纪念活动。回来后写成了日记体的《苏联纪行》。此书详细地介绍了他访苏的观感。先是准备在重庆《新华日报》上连载，为求准确妥当起见，发表之前将原稿送给对苏联非常熟悉的戈宝权看一下，请他把一些苏联的人名、地名都搞清楚，因此戈宝权就成了该书的第一个读者和编者。后来，《苏联纪行》印成单行本时，郭沫若为表示谢意和友谊，亲笔签名送了一本给戈宝权。像这种签名送书的事，在郭沫若很少为之，所以戈宝权很珍视。当1947年上海时代出版社翻译出版《苏联纪行》时，戈宝权还积极地参加了翻译工作。

在访苏期间，郭沫若也曾有赠书之举，如将《卜辞通纂》《两周金文辞大系考释》《石鼓文研究》赠苏联科学院，即为一例。自然，他也接受过苏联人的赠书，如苏联科学院院士之一的阿列克谢耶夫院士就曾将自己翻译的《诗品》《聊斋志异》赠给郭沫若，以为纪念。

以上所录，只是郭沫若赠书的几例而已。虽然赠书的对象各有不同，但在他看来，都是真正的朋友才配以心血的结晶——书——作为特别的礼物相赠。

同样，郭沫若在其他朋友的眼中，也往往是可敬的师长和朋友，尤其是在他成名以后，给他送书的人便逐渐多了起来。尽管送书的人也各有不同，但郭沫若都很珍视这以书为证的难得的情谊，并以种种方式予以回报。以下即是信手采撷的几例。

艾芜在纪念郭沫若的文章《你放下的笔，我们要勇敢地拿起来》中，提及他送书给郭沫若的事：20世纪30年代，任白戈去日本，艾芜让他捎一本自己的小说《南行记》给郭沫若。郭沫若对这本小说留下了较深刻的印象。在日本出的华文杂志《质文》上，郭沫若发表的文章里还曾提及《南行记》。艾芜说："这对我们开始写作的年轻人，给予了极大的鼓励。"

1935年9月，郭沫若收到缅甸爱国华侨陈子鹄赠给他的诗集《宇宙之歌》，很快读了一遍，引动了他谈诗的兴致。他在致陈信中，称陈诗"有真挚的情绪，洗练的辞藻，明白的认识"，"诗歌还是应该让他和音乐结合起来……诗歌当是一切情绪的表现，意象的结晶。要有韵才能诵。要简而短，才能接近大众"。

1932年2月，郭沫若收到渡部义通赠送的著作《日本母系时代之研究》，扉页上著者题签"郭沫若同志"。

1937年1月下旬，郭沫若收到佐野袈裟美女士赠其所著《支那历史课本》一册，并仔细阅读，画了不少红线。

1937年7月19日，郭沫若致信许广平，谢其赠书，信中说："蒙赠《鲁迅书简》一部，今日奉到。隆光精气，皎然不滓，当常置座右，以生廉立。特此鸣谢。"

1942年初，郭沫若收到顾佛影的赠书《四声雷》，此书系四出杂剧剧本，第一出《还朝别》即写郭沫若割舍亲情、毅然回国的事迹。郭沫若读后便给顾写了一封信，信中直言：“尊著已拜读，虽与事实不尽符合，然颇具匠心。”

1947年6月25日，郭沫若收到朱星寄赠的《周易经文考释》稿本二册，仔细阅读后，提出了修订意见。

1948年11月下旬，郭沫若等人从香港赴东北解放区，后于12月初抵沈阳，当时在皇姑屯机车车辆厂工作和体验生活的草明闻讯赶去看望，并送了《原动力》和《今天》两本书。郭沫若给草明回了两封信，一表感谢，一表赞赏，尤其是对《原动力》，称之为“很成功的作品”。

1958年1月22日，郭沫若给西北大学教授单演义写信，感谢单演义寄给他的《庄子通论》一书，并对单写的论文《鲁迅与郭沫若的战斗友谊》作了修改和批注，提出了不少重要的修改意见，并在信中说：“有些小意见已写在尊稿上，以供参考。”这里的谦谦君子之风还可使人们联想到，1932年4月，郭沫若曾收到叶灵凤寄赠的一本，即谭天著的《胡适与郭沫若》。此书有明显的抑胡贬郭倾向，内容有许多失实之处。郭沫若写信复叶灵凤，说道：“这种投机的无聊的文字没有理的必要。”郭沫若忙于研究、写作，对施放冷箭者自然“不愿意和他争一日的短长”。对谭天的不予理睬，与对单演义的感谢谦虚，恰好构成了有趣的对比。

读书诗

1913年秋冬之交，郭沫若在京独居，等待他大哥归来帮他寻找出路——他当时已经放弃上天津陆军学校，但对于未来却很茫然。

等待了一个多月，还不见大哥的影子，后得知大哥是往朝鲜、日本等地漫游去了，何时归来也没有确切消息。寂寞心焦之中，郭沫若只好闭门读书，并即兴写了一首诗：

> 天寒苦昼短，读书未肯辍。
> 檐冰滴有声，中心转凄绝。
> 开门见新月，照耀庭前雪。

在如此焦虑的心境中读书不仅带有盲目性，而且收效也不会显著。后来幸而有了出国留学的机会，郭沫若便紧紧抓住不放，结果渐入读书的佳境。虽然在此后读书的漫长岁月里也尝尽了读书的种种滋味，但其间愉悦和成功之感毕竟是更主要的方面。

在一般人看来，郭沫若读书终成正果，有了大出息。虽然不宜用传统的说法，如“书中自有黄金屋，书中自有颜如玉”来概括他的读书生活，但却可以说，郭沫若一生因读书而赢得了人生的辉煌，因读书而创获了丰富的果实，因读书而成了名副其实的文化名人。

无疑，作为读书人的郭沫若是令人称羡的，也是一般常人所难企及的。于是，作为读书人的郭沫若便赢得了言说“怎样读书”的资格。

他在1959年9月25日，基于长期的读书经验和近读陶潜《五柳先生传》中的“好读书”引起的触动，兴致大发，写了一首较长的读书诗，比较集中地表达了他的“读书观”。题为《读好书》，照录如下：

陶潜好读书，而不求甚解；
有人不读书，而好求甚解。
甚解固可好，读书不可少；
尤其是好书，千秋智慧窖。
读书何所为？所为能创造；

改造大自然，不仅开阃奥。
人间成乐园，生产水平高；
务使生活资，按需不按劳。
书多如烟海，游泅贵有道；
辩证唯物观，大鲲能化鸟。
凌空看全面，关系殊了了；
糟粕与精华，触目即分晓。
精华成凤凰，翱翔入苍昊；
糟粕凝成堆，愚者以为宝。
是我在读书，莫被书淹掉；
读得成书呆，那有什么妙？

在这首诗里，郭沫若除了对读书易生的毛病（如不求甚解、呆读书等）予以批评之外，主要是正面提倡“读好书”“多读书”“善读书”。“尤其是好书，千秋智慧窖”“读书何所为？所为能创造”“书多如烟海，游泅贵有道”“是我在读书，莫被书淹掉”等语，作为读书格言化的诗句，可圈可点，是应为喜爱读书的人所记取的。

劝学劝读，励人励己

郭沫若初到日本留学不久，他曾经历了一段非常紧张的学习考试阶段，那是他后来认为的一生中读书“最为勤勉”的时期——在半年之内神速地考取了官费留学，创造了惊人的纪录。有了成功的读书经历和经验的人，自然也就赢得了某种对他人的劝学劝读的资格。1918年11月27日，郭沫若在给元弟翊昌的信中，便以兄长的口吻说道：

学之于人，犹相之于盲也。人生斯世，固非如书蠹砚鱼死向纸墨间，然而茫茫浮世，无楫无梁，邈邈前途，如夜如漆；学有缉熙于光明，不藉学之光明，失所措拄，鲜不中流失柁，而歧路亡羊也。

如果说，在家乡求学期间的郭沫若，在学习上总体还停留在旧式的被动学习阶段，那么到日本留学时期，则基本转变为新式的主动学习，自觉地刻苦读书已成为寻求精神支柱、人生光明出路的重要途径，所以他能谈出这段恳切的读书见解或经验之谈，抓住读书学习之于人生的作用这一关键所在，来劝勉弟弟潜心向学。他在1915年致父母的家书中，还侧面地劝元弟珍惜光阴，多读文学书籍。

> 元弟在家，不可虚耍，新学问自是无从下手，然吾国旧书，不可不多读也。一国文学，为一国之精神，物质文明，固不可缺少，而自国精神，终不可失坠也。近世学子，通者无几人矣；而究之物质方面，智识仍仅肤浅，实是自欺欺人事。元弟既留家，想家中窗明，牙签锦轴，虽不算多，亦未为少；春日含和，风光绮丽，切不可荒废过也。

这封劝学的家书，也道出了郭沫若留恋于旧时家中读书时光、珍视中国传统文学的心情。他当时正处在“读的是西洋书，受的是东洋气”的初始阶段，能有如此宽容的读书观，诚为可贵。

时隔三十余年，郭沫若在与忘年交陈明远的交往中，又自然成为劝学劝读的老师。他给“亲爱的明远小朋友”写了许多封信，相互交流甚多，从中可以看到一个比较真纯的有异于官场上的郭沫若。其中有关劝学劝读的话语也多发诸肺腑。以下摘引几节略窥一斑：

明远小朋友，我爱看你的诗，希望你继续不断地努力下去！但我要告诉你，我们中国有句俗话，叫作："十岁的神童，二十岁的才子，三十岁的凡人，四十岁的老不死。"这是提醒人们警惕的。例如宋代的仲永，就是这样的一个典型，引起了王安石的伤感。号称神童才子的仲永，为什么成年以后反而不成器呢？主要的原因在于他失去了纯真而堕入了虚假。（1954年1月20日）

现将《闻一多全集》寄赠给你，供你课余参考。……半年以前，我接受了已故许遹维、闻一多二教授的《管子校释》未完稿本，着手整理和补订。公余时间，力量大抵集中于此。这项工作，是为了今后研究战国秦汉历史者提供资料上的方便，也是为了对许、闻特别是闻一多先生表示深切的追怀。（1954年4月29日）

接读了你的来信，颇有感触。现在我国少年儿童在课外所阅读的，大多是从苏联翻译过来的作品。确实我们自己的作家们对于少年儿童的精神食粮，是太不重视了。

我国古代，曾经为少年儿童编选了《千家诗》和《唐诗三百首》那样脍炙人口的启蒙读物，产生过很好的效果和深广的影响。你希望我为今天新中国的少年儿童编选一本《新诗三百首》，供你们课余学诗作参考，这倒使我感觉非常的难堪。

多年以来，我自己不仅没有写出什么像样的诗歌作品，而且几乎把文艺都抛荒了。……所以我希望跟你们一起学习、学习、再学习。（1955年9月12日）

现将新版《沫若译诗集》寄赠给你。这些译诗，还是我早年的试笔，今天看来有很多不满意的地方，希望你阅后具体地指摘出来，或者干脆重新改译。……

希望你结合学习外语来读翻译的诗，一方面作为艺术欣赏、丰富文化生活，另一方面也帮助提高外语水平。（1956年10月26日）

郭沫若对青年尤其是文艺青年的关怀涉及许多方面，其中劝其多多读书，便是经常提到的一个话题。他在1948年8月写的《我怎样开始了文艺生活》中，便结合自己的经验，写道：

根据我个人的经验，我在这点上倒可以向年轻的朋友们进言：如要准备从事文艺活动，多读这一方面的书，每和这一方面的朋友接近，作集体研究，是很能玉成自己的。

郭沫若在青少年时期的学校生涯中，尽管情绪上起伏变化较大，碰上的或惹下的麻烦事也屡屡发生，甚至几次被校方除名，几次易校就读，但他的学习成绩却一直比较突出，经常是名列前茅，甚至是“鹤立鸡群”的。他对那些学有专长、教学有方的好老师也留下了深刻的印象，对他们的帮助也充满了感激之情。在内心深处，他对自己就读过的母校及老师、同学还是充满缅怀之情的，所以在他成名之后，每当母校向他索求题字题词时，总是每求必应，写下了不少旨在劝学劝读的题词。比如1943年，四川乐山第一中学举行40周年校庆，遂向在重庆的郭沫若索求题词。郭沫若很快用毛笔写了以下题词，寄回了母校：“圣人生于急学，学问之道良不可一日惑己。唯学贵因时，方今之世，国家民族之所企待者，实以科学为首要。愿同学辈知所奋勉。”1959年复应乐山第一中学之请，为母校题词曰：“青年时代可塑性最大。在这时期，无论在思想、立场、学习、发育方面，都应该把基础打好。”又如1957年，郭沫若应母校四川石室中学之请，题写了一副对联，后又补写了横额，成了该校至今犹视为珍宝的校训。联语为：爱祖国爱人民为建设社会主义而学习；求真理求技艺愿增进文翁石室之光荣。横额为：求实务虚。

郭沫若对儿童读书也很重视，亦曾给予鼓励。

宋庆龄在1949年前主持成立的中国福利基金委员会所设的儿童福利委员会，曾在上海市区设立了几个少年儿童阅览室。1945年10月12日，设在余姚路星加坡小学内的“第一儿童阅览室”率先开张。一些著名儿童文学作家还捐赠了图书，尽管图书室很简陋，只有两间房子，但小朋友们却爱到这儿来读书。郭沫若对此善举很是赞同，在百忙中为此阅览室题诗，名曰《请来玩》，从儿童特点出发，进行了劝读：

小朋友，请来玩，
这里有书真好看。
书中有好画，
画的是人，是马，是花花。
也有飞机和轮船，
也有电车和火车。
你们乘着飞上天，
乘着走遍天下，
东西南北是一家。
世界各国都有好娃娃，
不相骂，不相打，
我听你唱歌，

你听我讲话，
喜欢罗斯福，
不爱希特拉。
将来大家都长大，
你做科学家，
我做文学家，
你做政治家，
我做技术家，
大家手携手，
建立和平民主世界之家。

诗拟儿歌体，不算好诗，但其劝读之意却甚鲜明。诗的前半部，用语质朴清纯，也饶有情趣。

郭沫若劝学劝读的对象不仅有家人、中小学生，还有大学生、文学青年以及年轻的研究人员。从他的书信集中，便不难找到青年学子的信，而信中自然不乏劝读劝学的话语。如《致北京大学学生》《致北京大学历史系师生》《致北京师范大学团委会、学生会》《致青年同学们》《致四川青年》《致吴明》《致任健》《致兰本》，等等。其中有的信很长，居然有些像论学的专论了，读起来不免显得沉重，相形之下，倒是他《致达县城区第二小学师生》（1937年7月1日）的文字清通可喜，劝学劝读之意深挚动人，如信中说："古人说'有福读书'，又说'人师难逢'。同学们，请你们努力罢，国族的希望是寄系在诸位身上的。"信中还附了为该校写的两首校歌，其一云：

凤凰之山何蜿蜒，
龙爪欲攀天，
立志毋输我先贤。
唐子《潜书》，
六相祠堂，
这些德业文章，
是好榜样。
小哥哥，小弟弟，
小姊姊，小妹妹，
我们勉乎旃，
我们勉乎旃，
我们是国族之希望，
我们是国族之希望！

诚然，有福读书，人师难逢，郭沫若在劝学劝读方面，是个难得的好老师。

蔡文姬与陈瑞生

郭沫若与女性，在学界早已成为一个人们颇感兴味的话题，还曾于美丽的厦门开过这方面的专题性的全国学术讨论会，此前此后也都出现了数量可观的论文，谈郭沫若诗歌中的“女神”意象，谈其小说、戏剧中的女性形象，谈他实际生活中的女性对他产生的许多影响，谈他于古今中外文化影响中形成的“女性观”及其变化等，话题范围非常广泛，或宏观，或微观，或纵横比较，或个案分析，所谈角度、方法也各个有异。然而，值得注意的是，人们似乎很少注意到郭沫若读女作家作品的情形，对郭沫若与女性作家这样一个具体话题少有言说，应该视为是一种欠缺。既然是欠缺，就要予以补救，这里虽不能就此话题充分展开，但却可以初步接触这个话题，为有意深谈这个话题的有心人提供一点线索。

这里仅拟介绍郭沫若对蔡文姬、陈端生两位女作家的阅读和研究的一些情况。

首先介绍的是郭沫若与蔡文姬。

郭沫若曾于1958年12月31日采辑《胡笳诗》各种旧本加以校订，成《蔡琰〈胡笳十八拍〉》，后发表于1959年5月16日《人民日报》。郭在原诗之后有几句说明性的文字，其中有盛赞此诗的话，并断言此诗确为文姬所作：

> 真是好诗，百读不厌。非亲身经历者不能作此。以不见《后汉书》或其他较古典籍，人多疑伪，余则坚信确为琰作。诗中多七言句，东汉谚语及铜镜铭文已多见七言，正足见琰采取民间形式而成此巨作，足垂不朽。

说这样几句不能尽意，郭沫若紧接着便写了《谈蔡文姬的〈胡笳十八拍〉》一文，此文是篇长文，既详述蔡文姬的《胡笳十八拍》的不幸遭遇的种种情形，又阐明此诗“实在是一首自屈原的《离骚》以来最值得欣赏的长篇抒情诗”。为了证明自己的有关判断是正确的，郭沫若阅读了大量的古代典籍、文学史及论文，已经进入了“为研究而阅读”的层面。除了用史料说话，文中更着意于劝告读者去亲自读文姬的《胡笳十八拍》，或细心体味，或比较鉴别，就可以感到“非亲身经历者不能作此”。故而他说：

唐代的刘商也拟作了《胡笳十八拍》[1]，呆板得更不能相比。不怕不识货，就怕货比货。请大家把两种《胡笳十八拍》，连同杜甫的《同谷七歌》，读它们一两遍，便立见分晓。

郭沫若劝读意识的强烈，自然得之于他自己的阅读经验，他在文中又说：

务必请大家读它一两遍，那是多么深切动人的作品呵！那像滚滚不尽的海涛，那像喷发着熔岩的活火山，那是用整个的灵魂吐诉出来的绝叫。……总之请大家认真读一读就可以体会得到。

在这里，郭沫若陈述的“深切动人”的阅读经验其实也得之于长期的积累。他在幼年读《三字经》，就接触到“蔡文姬，能辨琴”的故事了。隔了半个多世纪，经过离乱之苦的郭沫若写出了历史剧《蔡文姬》。虽然该剧的本意是在为曹操翻案，但“戏”却主要由蔡文姬来演，她的命运、感情、才华，在郭沫若笔下得到了相当充分的展示。不仅如此，按郭沫若自己的说法，这个剧也相当充分地展示了他自

① 郭茂倩：《乐府诗集》。

己，因为“蔡文姬就是我！——是照着我写的”，“它有一大半是真的。其中有不少关于我的感情的东西，也有不少关于我的生活的东西”[①]。

可见，郭沫若虽然并没有读过蔡文姬多少作品，毕竟其作品本来就少有传世，但却视文姬为难得的知音，既有同命运、同悲欢的深切认同，又有通过艺术（诗和剧）复活自我生命的共同追求。视此种情形，或可谓之为古今稀有的“作家之缘”。值得注意的是，郭沫若不仅写《蔡文姬》，而且爱谈蔡文姬，写成文章的就有《谈蔡文姬的〈胡笳十八拍〉》《再谈蔡文姬的〈胡笳十八拍〉》《三谈蔡文姬的〈胡笳十八拍〉》《〈蔡文姬〉序》《跋〈胡笳十八拍〉画卷》《四谈蔡文姬的〈胡笳十八拍〉》《五谈蔡文姬的〈胡笳十八拍〉》《六谈蔡文姬的〈胡笳十八拍〉》等，书信中也屡屡谈及，在观看《蔡文姬》（北京人艺）的首场演出时，郭沫若更是非常激动，边看边流泪，并对坐在身边的曹禺说：“《蔡文姬》我是用心血写出的，因为蔡文姬就是我。”[②]

顺便提及，郭沫若在充分肯定蔡文姬作有《胡笳十八拍》时，又认为骚体的《悲愤诗》是后人假托的，尽管如此，也还不失为重要的史料。他的这一观点是否妥当，似乎还有必要予以深入的讨论。

---

① 《〈蔡文姬〉序》。
② 曹禺：《郭老给予我们的教育》，《人民戏剧》1978年第7期。

其次介绍的是郭沫若与陈端生。

1961年5月1日脱稿的《〈再生缘〉前十七卷和它的作者陈端生》，是郭沫若半年多来断断续续读《再生缘》多达三遍之后的结果。初读，读的是从北京图书馆借来的本子，尽管刊本错处颇多，但读起来津津有味，一有空闲就读，直到读完。后来托人买了同样的一部，趁往古巴访问之机，带在身边，有暇便读，还随手校改，但脱落太多之处则无法校补，于是希望能找到一部未刻前的抄本来校补。不久这愿望得以实现，在郑振铎捐给北京图书馆的藏书中即有一部完整的抄本。据此本，郭沫若审慎地给予了校补，交由中华书局准备出版，并撰《序〈再生缘〉前十七卷校订本》。郭沫若经过反复阅读、校订，认为陈端生所作《再生缘》前十七卷有很高的艺术价值，后三卷为他人续补，拙劣少价值，故不予校订。据他的介绍，他是在1960年12月上旬接读金灿然送来的陈寅恪《论〈再生缘〉》一文后开始读该作的。他读了陈文，深感惊讶，便想弄个明白。一读之下，便深感这是一部值得重视的杰作，难怪陈寅恪会如此推崇这部作品，并为其遭受世人冷落而“怅望千秋泪湿巾”。陈寅恪的《论〈再生缘〉》写于1954年，几年过去，应者甚少，郭沫若尽管并非在什么问题上都赞同陈寅恪，但在对待《再生缘》及其作者上，二人却达到了惊人的一致，算是难得的知音。他还校订该作，多次撰文探讨，其热情之高，正可视为是对陈氏意愿的响应与接续。

郭沫若在《序〈再生缘〉前十七卷校订本》中明确写道："《再生缘》之被再认识，首先应该归功于陈寅恪教授。"在《〈再生缘〉前十七卷和它的作者陈端生》中也称誉陈寅恪《论〈再生缘〉》一文考证的详细，并表示"基本上同意他的一些见解"。当然，作为一个有独立研究习惯和思考能力的学者，郭沫若不会满足于一般性的与陈寅恪唱和，也不会满足于自我着迷般的阅读经验，他要对有关的问题寻根究底，并确已有了一些新的收获。除了有关书信之外，他写下的文章主要有八篇，校订了原书，并编就陈端生年谱，所有这一切，都为深入研究《再生缘》及其作者陈端生打下了坚实的基础。

陈端生（1751—约1796），是清代女作家，她从十八岁时便着手创作弹词《再生缘》，持续一生，亦未完篇，诚为心血之作。向来被视为民间文学，只在市井间有所流传。她也许怎么都不会想到，在20世纪中叶，有陈寅恪、郭沫若这样的大家出来为她张扬，给她及其《再生缘》以很高的评价。陈寅恪认为《再生缘》既是弹词，也是叙事性史诗，堪与西方任何史性作品媲美，其艺术水平不亚于杜甫。郭沫若基本赞同陈氏的这种评价，并认为《再生缘》叙事生动严密，人物形象塑造成功，心理描写细致入微，在这些方面，女作家陈端生的本领比之司各特、司汤达、巴尔扎克等也未遑多让，甚至是"更加难能可贵的”，可与《红楼梦》并论，谓之“南缘北梦”。

郭沫若对中国文学史上分别出自两位女作家笔下的长篇抒情诗、长篇叙事诗的异乎寻常的钟情和研究，是很有意味的文化现象。倘从政治角度看，也许只能看到郭沫若在作某种应时的翻案文章，其实，郭沫若对蔡、陈及其作品的关注，既有重新认识女作家、重建中国文学史的意义，也有折射其丰富的“女性观”。

《陆游》一册蒙相授

1962年秋，郭沫若偕夫人于立群南行，一路参观访问，一路诗词连篇，虽然应酬颇多，倒也情趣盎然。10月27日行至绍兴，除了参观鲁迅纪念馆之外，还安排参观了“沈园”——当年大诗人陆游写名词《钗头凤》的地方。

参观安排在10月29日晨，因为早饭后就要登程，时间很紧张。郭沫若匆匆参观了“沈园”中的“陆游纪念室”，感到了历史沧桑的巨大变化。他还凭吊了当年陆游写《钗头凤》的遗址，遥思诗人是何等苦情满怀，亦感到自己有些技痒了。忽然，他看到有一位中年妇女朝他走来，穿着很朴素，手里却拿着本书。郭沫若感到有些诧异。当这位中年妇女走到他面前的时候，向他恭敬地问好，并将手中的书郑重地双手呈上，说：“我是沈家的后人，这本书是齐治平先生写的《陆游》，送给您作个纪念。我现在也不住在这里，住在上海，最近母亲病了，赶回来照顾一下她老人家。”郭沫若高兴地接过书来，微笑着向她表示感谢。本来还想和这位沈家后人多说些话的，陪伴在旁的人却在催他赶快回去吃早饭，以便按时登车出发。郭沫若只好匆匆地和这位尚不知名的中年妇女告了别，拿着《陆游》一书离开了沈园。

离开后，郭沫若心头却总萦绕着沈园那有些萧条的景象和沈氏后人送书的情景，每当他翻阅《陆游》一书时，更引起了自己的许多遐想，他想到了古代父母包办婚姻制度的弊害，想到了沈园景观的古今“蜕变”，也想到了沈氏后人送书而自己匆忙作别的情景。尤其是这后面的所思所想，使他还感到了某种愧疚之感：接受了人家的赠书，连人家的姓名和住址也未问清楚，不知如何回报，来而不往非礼也，于是像欠了一笔债似的。有感于此，郭沫若写了下面一首词，词牌亦为《钗头凤》。词为：

宫墙柳，今乌有，沈园蜕变怀诗叟。秋风袅，晨光好，满畦蔬菜，一池苹藻。草，草，草！

沈家后，人情厚，《陆游》一册蒙相授。来归宁，为亲病，病情何似？医疗有庆。幸，幸，幸。

读郭沫若的这首词，会感到它不是一般的应酬之作，他虽然是套用前人（尤其是陆游）的词牌，表达的却是他当时访沈园的真实感受。当时的郭沫若多有流于应酬或空喊的“歌德”之诗词，红彤彤、响当当，但这首词却能够让人体味到他看到沈园荒凉之景时的那种难以抑制的感叹，“草，草，草！”，这是很强烈的抒情符号，其他任何粉饰都掩不住诗人“怀诗叟”时的悲凉意味。郭沫若对沈家后人与病人的命运也有着很为真切的关怀，他惦记着，揣测着，也祈祷着，他总在希望“幸，幸，幸”。

郭沫若的这首《钗头凤》，后来录入《访沈园》一文，发表于1962年12月9日《解放日报》的文艺版上。

细心辨真伪

细心辨真伪的功夫，来自广见博识、潜心读书与博学多思。郭沫若读书做学问尽管确有粗心失误的时候，但细心深究、明辨真伪、洞察是非的时候实是更多。

1963年初，河南省博物馆收到商丘县城关镇古董商郝心佛寄来的一幅曹雪芹先生画像。画像系一册页，可对折成两扇，右扇画一位席地而坐的中年人，身着长衫，足蹬麻鞋，左腿平盘，右腿曲竖，左手支地，右手平抚右膝，显得风流儒雅、异趣横生。画像左上方题曰："雪芹先生洪才河泻，逸藻云翔。尹公望山时督两江，以通家之谊罗致幕府，案牍之暇，诗酒赓和，铿锵隽永。余私忱钦慕，爰作小照，绘其风信儒雅之致，以志雪鸿之迹尔。"画像的左扇是与曹家有世交的曾任两江总督尹继善亲笔写的两首诗。诗云：

万里天空气泬寥，白门云树望中遥。
风流谁似题诗客，坐对青山想六朝。
久住江城别亦难，秋风送我整归鞍。
他时光景如相忆，好把新图一借看。

册页的背面写着一行小字：“清代学者曹雪芹先生小照，藏园珍藏。”初看这幅《雪芹先生画像》，博物馆负责同志欣喜万分，当即决定破例给寄画人汇款10元人民币以表感谢——这在当时已是很高的物质奖励了。

这幅“雪芹先生画像”很快引起了学界的高度注意。郭沫若也很快得知了有关消息，便给河南省博物馆写信，希望得到画像照片并借看原件，以便研究。当他收到画像时，立即着手从事仔细的甄别，为此还查读了有关的资料，费时近一个月，终于得出了自己的结论：这是一幅伪画，画中诗及题字露出了破绽。他在1963年9月3日给河南省博物馆写的信中便简要地谈了自己的看法。信如下：

同志们：

寄来《雪芹画像》已接到，但不是曹雪芹而是俞雪芹。尹继善所题的诗，在《尹文端公诗集》卷九，题为《题俞楚江照》；（中略）俞楚江名瀚，绍兴布衣。能诗，善画，盖一多才多艺人也。

原画缓日即妥为奉还，虽非曹雪芹，原画亦可宝矣。

尹诗，由诗集中查出者，为丁聪、刘世德二同志。他们目前在曹雪芹逝世二百周年展览会中工作。

敬礼！

郭沫若

九月三日

当时，郭沫若为中国文化界的主要领导，拿出时间在他人协助下考辨一幅画的真伪，其工作精神确实令人钦佩。其耐心细心不仅体现在亲笔写信联系事情，翻阅资料、组织他人协助查阅等方面，精细的读者也会从上述信中看出，郭沫若在谈毕对画之真伪的意见之后，还特别提到了协助查阅资料的丁聪和刘世德，说明二者的贡献，毫无掠美之心。如此严谨求实、细心周到，恐怕很少有人能够企及。

在甄别这幅《雪芹先生画像》之真伪的过程中，郭沫若显然利用了他在诗文、书法等方面的丰富知识。他从画上的题字题诗中看出了问题，了解到尹继善（满洲镶黄旗人，字元长，号望山）的有关情况，遂按图索骥，查明了真相。

然而仍有人执信此画为曹雪芹像者，如红学专家周汝昌就一再撰文，确认此画是世上罕见的曹雪芹画像。争论仍在学界持续着。直到1979年，河南省博物馆与商丘文化馆联合组成了“雪芹先生画像”调查组，经过了四年的大量访查，终于查明此画具体作伪的经过，印证了郭沫若的判断是正确的。原来是郝心佛伙同朱聘之、陆润吾，题假字，盖假印，又改涂了原像的头部，使其合乎文献资料中记载的曹雪芹“头广而色黑”的特征。作伪后本欲寄往北京求售，但恐北京懂行的人多被识破，遂改寄河南省博物馆，于是引出了一段公案。幸赖郭沫若及早识破，未使伪画享受到本欲骗取的殊荣。

《李白与杜甫》

应该说，郭沫若写于“文革”中的《李白与杜甫》，虽然因种种主客观条件的限制，瑕疵颇多，但同样是他长期读诗的一个结果。

郭沫若在童年接受传统的“诗教”的时候，就必然地“遭遇”上了李白和杜甫。从那时起，出于少年倾向于自由的天性和对人生、艺术粗浅的理解，对李白便比较喜欢，不太喜欢杜甫。他那时无疑读了许多古代诗人的诗，能够让李白、杜甫在自己脑海里留下印象，已说明两人之诗对他产生了影响，引起了他的思考，并给定了大致的审美判断。他说：“唐诗中我喜欢王维、孟浩然，喜欢李白、柳宗元，而不甚喜欢杜甫，更有点恨韩退之。”这话出自《我的童年》，写于1928年。距他出版《李白与杜甫》的1971年有四十三年之久。这一最基本的史实可以说明，他的“扬李抑杜”的倾向是自己早年读诗时形成的一种“审美体验”。彼时郭沫若自然很幼稚，但这幼稚中却有的是真纯，缺的是虚伪乃至功利意识。然而临到晚年，郭沫若仿佛又回归到童年少年时期的幼稚，忘却了自己曾在“成熟”时期所说的“我们要向杜甫学习，也要向李白学习，最好把李白与杜甫结合起来”[①]之类的话，竭力利用各种材料乃至想象，来验证和发挥他那从童年即萌发的“扬李抑杜”的意向。在其读诗的直觉层面抑或本心的深处，他确实认为李白之诗较之于杜甫之诗，更近于“诗的本质”，这种可能性恐怕正是潜在地促使他进行李杜比较研究的一个重要的原因。此外，爱发别致的言论乃至喜做翻案文章的学术冲动，也是郭沫若在晚年操笔著书的一个重要原因。朱子奇先生的一段回忆可以作为这方面的参证。朱先生曾多次随郭沫若一起出国访问，有一次问起“扬李抑杜”的原因，郭沫若有些激动地说：“我本来就不大喜欢他，从小就不大喜欢！在《我的童年》里我就说过我喜欢李白、王维、柳宗元，不甚喜欢杜甫，更不喜欢韩愈其人。……前人把杜甫称‘诗圣’、把杜诗称‘诗史’，那是宋以后的事，是后人封赠的。我总以为杜甫是站在地主阶级立场上写诗的，他那‘每餐不忘君’的忠君思想贯穿于

---

① 《诗歌史中的双子星座》。

他的大部分诗文，甚至连唐玄宗那样的昏君他也歌颂，这怎么能叫人喜欢呢？”①

在《李白与杜甫》中，郭沫若始终在努力全面地评论李白与杜甫。他在书中说：“歌德和黑格尔各在自己的领域中都是奥林帕斯山上的宙斯，但是两人都没有完全脱去德国的庸人气味。宙斯是希腊神话中的至上神，与上帝相当。这句话同样可以移来批评李白与杜甫。生在封建制度的鼎盛时代，他们俩人也都未能完全摆脱中国的庸人气味。”在这里，郭沫若显然在将李白、杜甫视为伟人巨子的前提下，力图把握其“全人”，在太多太多的赞美声中，提醒世人也注意伟人巨子的“庸人气味”。在这方面，刘纳的《重读〈李白与杜甫〉》一文有相当充分的分析，在读解晚年郭沫若心灵奥秘方面的贡献格外值得注意，她对《李白与杜甫》一书的总评也很中肯：

> 用学术眼光看，《李白与杜甫》不是一本经得起推敲的著作，它缺少学术著作所要求的谨严和郑重。这是一本用文学笔法写成的书，它的色彩和意味，它的咄咄逼人的气势和它所溶注的情感活力，都使它不同于一般的学术著作。在“人民性”的标准尺度和扬李抑杜的表

① 曾绍义：《青山不老，沫水长流》，《郭沫若学刊》1991年第3期。

层评价下面，隐隐然藏着作者不便明言的曲衷和异常微妙复杂的心绪。处于当时的政治环境中，郭沫若只能把自己的思考和感受寄寓在这样一本书里。

当郭沫若在总体的“伟大与渺小”的辩证思维框架中努力评说李白、杜甫时，应该说是他用心灵再次感受中国文人人生悲剧的最后一次有意味的尝试。中国文人往往在精神上、艺术上有着惊人的创造，但在实际人生中，又每每受到身内身外的种种欲望、条件的制约，尤其是在特定时代政治环境、文化传统的制约下，沾染上难以避免的“庸人气味”，甚至难逃“命运”的魔手，由悲凉人生走向悲剧结局。中国文人的人格分裂或畸变应该说是一种非常普遍的现象。这不仅在李白、杜甫身上存在着，在郭沫若自己身上也存在着。因此，在某种意义上讲，《李白与杜甫》言说的既是古时的两位诗人，也是郭沫若自己。郭沫若在《李白与杜甫》中的一个最基本的思路是将大诗人“看成人”，而非看成“它布”（图腾）。这在“文革”中应是非常难能可贵的。但他当时运用的阶级分析方法时却既娴熟又僵硬，与他同时实际运用的将人看成人的“人学”方法发生了深刻的矛盾，于是造成了诸多遗憾，这也是不必讳言的。

为了写《李白与杜甫》，已近八十高龄的郭沫若仍然阅读了许多书，这种活到老、读到老的读书精神也委实有感动人的地方。仅仅为了考证李白出生地，郭沫若便翻阅了许多书籍，认为李白出生于碎叶（中亚伊塞克湖西北的碎叶城）。他的这一考证，还曾为中苏边界之争提供了有力的历史证据。当时苏联政府的声明中强调，“早在18世纪40年代，巴尔喀什湖以东、以南的中国少数民族就已经臣服了沙皇”。中国政府则在走访郭沫若等人之后发表驳斥性声明，其中便引用了郭沫若研究李白出生于碎叶城的成果和有关的考证材料，说明了碎叶城历史上属于中国。

最后的译著

如果说《李白与杜甫》是郭沫若一生中最后的著作，那么《英诗译稿》则是他的最后的译著。郭沫若一生著译甚多，著作等身对他来说绝非虚言。仅就其数量相对较少的翻译而言，从1916年开始翻译到1969年译《英诗译稿》，译著约有三十余种，字数达三百多万字。按说，在原本数量很大的译著上再添这么薄薄的一册，不会引起人们的注意，在总体上也未扩大郭沫若的翻译成就。但就是这本小小的译著，却透露出了晚年郭沫若读书方面的诸多信息：他为何会在“文革”中重操译笔？在读红宝书盛行的年头他为何耽读这些老外的抒情诗？他是在怎样的心境中读诗又是出于什么动机采取怎样的方式来译的？诸如此类的问题便引起了人们探询的兴趣。

《英诗译稿》所据原书为日本学者山宫允先生编选的日文版《英诗详释》，该书出版于1956年。山宫允先生将此书赠送给了郭沫若，也许只是一次偶然的文人馈赠，但郭沫若捧读而又给予翻译，却并非偶然的事情。郭沫若在1969年3月至5月，一边细读《英诗详释》，一边有选择地翻译其中的诗作，译文就写在原书的空白处，有的诗译毕，还加添了译者附白。当时，郭沫若默默地但很认真地从原书60首诗中选译了50首，但未誊写，也不声张，悄然闲置一旁。直到1980年才由他的两个女儿郭庶英、郭平英整理出版，定书名为《英诗译稿》，并请成仿吾作序。成序指出郭沫若在译诗方面的历史性的贡献以及译诗手法的“高超”，同时也发出了这样的疑问：“在他将近晚年的时候回到翻译这种短的抒情诗，虽然是出于偶然的原因，但是我们就不能从他的这种经历中得出某些可能的推理吗？”可惜，他接下来的回答却是：“从他最后竟翻译了这样的抒情诗，是否至少他主张，不管你叙景或叙事，总要重视内在的节奏，并且最好有脚韵。”仿佛郭沫若仅仅在注意诗歌的形式，这显然是一种很“狭隘”的“推理”。

山宫允《英诗详释》所选编的60首诗，都是世界上很有名的部分诗人的佳作，平易有趣而又轻盈剔透，是真正的美丽动人的抒情诗。郭沫若在“文革”时选读这样的诗歌，固然有对其形式上的诗美的注意，甚至有消遣除闷上的考虑，但更重要的，则是他在译读的同时，体现出一种渴望开拓视野、眷顾外国文化的眼光。选择读什么，喜欢读什么，这对身处“文革”而“靠边站”的郭沫若来说，并不是件简单的事情。当时，文化虚无主义被发挥到极致，对于既往的文化遗产，包括五四以来的文化遗产，大都采取了彻底否定的态度。于是造成了几乎只有红宝书及各种诠释文本可读的局面。感受着这股强烈的文化虚无主义风潮，郭沫若仿佛信鸽一样，早在1966年4月10日便主动放飞出这样的消息：“拿今天的标准来讲，我以前所写的东西，严格地说，应该全部把它烧掉，没有一点价值。”①

他译读着罗素·葛林的《默想》，吟味着“我不能让我尊严的人性低头／在那冰冷的无限面前跪叩／……我不能在无量数的星星面前低头/那无声的矜庄并不能使我投降”。他在译文后的附白中说：“我自己也曾有这样的感觉，但不纯。”试想，当时年近八十的老翁在“默想”中吟味着这种拒绝摧眉折腰的诗句，该会有多少感慨；他译读着那些歌颂春天的诗，对“春之女神着素装”“处处都有花树，都有女儿环舞”的美丽景象，又该会如何向往。此时在他心里也许再次想起他译雪莱《西风歌》中的诗句：

① 《光明日报》1966年4月28日。

严冬如来时，哦，西风哟，
阳春宁尚迢遥？

然而他的企盼却不免显得迷茫，以他的高龄更容易引起他对人生命运的感叹：“人生越老，岁月越短／生命的历程似在飞换／……友人的谢世接二连三／胸中的伤痛如荼如炭。”[①]“徐徐地悲伤地让他躺下／浑身都还带着荣誉阵地的血花／我们没刻一行字，没立一通碑／但只让他的光荣永远伴着他。”[②]从这些传达着悲哀、悲壮之况味的真正的诗句中，郭沫若体味到的是切切实实的心灵共鸣，远异于现实中那些空洞的豪言壮语。他尽管可以作许多表面文章去应付纷乱的骚扰，从而流露出令人困惑乃至厌憎的“庸人气味”，但他在虚饰的“超我”下面，毕竟还保有真实的“自我”——他的最后一部译著《英诗译稿》，便是一个不朽的见证。

或许，郭沫若晚年能有暇陶醉在对外国好诗的译读之中，并唤起他早年对外国诗歌的那种广泛涉猎的记忆，是一种难得的幸福。他当时也许只为自己译读欣赏的译诗，终经他的女儿的整理，在新时期的春天里出版了。这对九泉之下的郭老来说，当是一个珍贵的告慰。

① 妥默司·康沫尔：《生命之川》。
② 查理·渥尔夫：《爵士约翰·摩尔在科龙纳的埋葬》。

主要参考文献

[1] 郭沫若.郭沫若论创作 [M].上海：上海文艺出版社，1983.

[2] 郭沫若著作编辑出版委员会编.郭沫若全集·历史 [G].北京：人民出版社，1982.

[3] 郭沫若著作编辑出版委员会编.郭沫若全集·文学编 [G].北京：人民文学出版社，1984.

[4] 郭沫若著作编辑出版委员会编.郭沫若全集·考古编 [G].北京：科学出版社，2002.

[5] 郭沫若.郭沫若书信集 [M].北京：中国社会科学出版社，1992.

[6] 成都市图书馆编.郭沫若著译及研究资料 [G].成都：成都市图书馆，1980.

[7] 黄侯兴.郭沫若的文学道路 [M].天津：天津人民出版社，1981.

［8］王继权,童炜钢编.郭沫若年谱［G］.南京：江苏人民出版社，1983.

［9］李保均.郭沫若青年时代评传［M］.重庆：重庆出版社，1984.

［10］谭洛非主编.抗战时期的郭沫若［G］.成都：四川省社会科学出版社，1985.

［11］蔡宗隽.郭沫若生平事略［M］.长春：时代文艺出版社，1985.

［12］王训诏等编.中国文学史资料全编现代卷——郭沫若研究资料［G］.北京：知识产权出版社，2010.

［13］孙党伯.郭沫若评传［M］.北京：人民文学出版社，1987.

［14］王锦厚等编.郭沫若佚文集（1906—1949）［G］.成都：四川大学出版社，1988.

［15］王锦厚.郭沫若学术论辩［M］.成都：成都出版社，1990.

［16］龚继民,方仁念.郭沫若年谱（1892—1978）［M］.天津：天津人民出版社，1992.

［17］史永元.郭沫若书法艺术［M］.南京：江苏教育出版社，2002.

［18］黄侯兴.郭沫若正传［M］.南京：江苏文艺出版社，2009.

［19］冯锡刚.郭沫若的三十年［M］.北京：中央文献出版社，2011.

［20］秦川.郭沫若新论［M］.北京：社会科学文献出版社，2011.

［21］杨胜宽,蔡震等编.郭沫若研究文献汇要（1920—2008）［G］.上海：上海书店出版社，2012.

后 记

文明昌盛，读书为先。读书之于个人、民族乃至整个人类的文明如此息息相关，怎么可能不重视读书、不认真读书呢?

当然，“书”的形式是可以改变的，既可读线装书、铅字书，也可读光盘书或电脑书，只是人之为人，都应该读书，必须读书。

谈读书的话世间已经很多很多，赞读和劝读的话语很真切也很动人，可我觉得其中这样几句话说得很实在、很质朴：

在一切脑力劳动中，读书最能牵动人的恻隐之心，最能启迪人的思想，其他的消遣无不受到时间、年龄和条件的限制，然而读书却不，它既能给年轻人以激励，又能给老年人以欢乐；既能使成功增辉，又能给失败者

以慰藉。在我们通宵执勤、外出旅行或居家偷闲的时候，它又是我们忠实的伴侣。

这里劝读的，大约是轻松的书、消闲的书或文艺类书，劝人正襟危坐啃学术性的大部头书，恐怕已有不合时宜之嫌了。

郁达夫曾于《读明人的诗画笔记之类》一文中说：“这几年来，晚明人的诗文杂集，大大地流行；推其原因，不过因时势相同，一般读书人受了高压，不敢作悲歌慷慨的狂言，就只好窜入清疏淡雅的一流，以逃避现实。”我不知道时下小品散文之类的大为流行的原因，但我却佩服郁达夫这个读书人的识见。

然而更让我佩服的读书人之一，是郭沫若先生。他的一生可谓丰富多彩，在许多方面都有成功的或比较成功的人生尝试，他的生命筐篮中装满了各种东西，尽管并非都是鲜花和硕果；他在鹰的生活方式和鸡的生活方式中选择的是前者，尽管作为“鹰”有时飞得比“鸡”还低，但却毕竟是“鹰”。郭沫若的“创造”是“鹰”的创造，非“鸡”所能企及。他是一位读书人，一位真正意义上的读书人，激情洋溢，才情横溢，与书结缘极深，读书成为他一生中最重要的一个组成部分——其他一切也都与此有直接间接的关系。

本书即是对郭沫若作为“读书人”的一种实录和观照，

尽管不可能将其读书生活事无巨细地都写出来，但其中重要的或有特色的读书活动，都力所能及地涉写到了。何况，郭沫若是在书海中游姿多变的畅游者，能够为他摄下几页彩照，笔者的小小心愿也就满足了。值得指出的是，郭沫若的读书治学确也存在着诸多不足之处，对此也应采取实事求是的态度，平静对待。清代学者钱大昕说过："学问乃千秋事，订讹规过，非訾毁前人，实以嘉惠后学。但议论须平允，词气须谦和。"本书即力求出语中肯，对郭沫若的若干"批评"尤其注意分寸，讲求平和、中肯。尽管笔者心仪郭沫若的"青春意识"或"青春人格"，但却无法企及，只好出之以中年人的四平八稳。

可是，人到中年，苦恼弥甚！

在近乎"郭沫若式"的焦虑与思念中成此小书，尽管力求四平八稳，却也不免顾此失彼，如此也就更加苦恼，奈何！

我愿在此向曾游往人生和书籍深海的郭沫若，向能够眷顾这本小书的可爱的读者，真诚地道一声感谢！并献上这样几句——

隔雾犹珍伊人情，两点灵犀意相通。

书山有径路迢遥，朝夕心萦盼重逢。

因由书缘而精神遇合、心意相通，是我写这本小书的最大的渴望，对郭沫若是如此，对读者也是如此，对我思念的师友们更是如此。

书缘和情缘，亦如人生之双楫双轮！

李继凯

2018年3月8日于大雁塔侧畔